秦本紀第五　史記五

（索隱曰秦雖嬴政之祖本西戎附庸之君豈以諸侯之邦而與五帝三王同稱本紀斯必不可可降爲秦世家）

秦之先帝顓頊之苗裔（正義曰黃帝之孫號高陽氏）孫曰女脩女脩織玄鳥隕卵女脩吞之生子大業（索隱曰女脩顓頊之裔女吞乙子而生大業其父不著而秦趙以母族而祖顓頊非生人之義也按左傳郯國少昊之後而嬴姓蓋其族也則秦趙宜祖少昊氏○正義曰列女傳云陶子生五歲而佐禹曹大家注云陶子者皐陶之子伯益也按此即知大業是皐陶）大業取少典之子曰女華女華生大費（索隱曰扶味反一音祕尋費後以爲氏則扶味反爲得此即秦趙之祖嬴姓之先一名伯翳尚書謂之伯益系本漢書謂之伯益是也尋檢史記上下諸文伯翳與伯益是一人不疑而陳杞系家即敘伯翳與伯益爲二未知太史公疑而未決邪抑亦謬誤爾）與禹平水土已成帝錫玄圭禹受曰非予能成亦大費爲輔帝舜曰咨爾費贊禹功其賜爾皁游（索隱曰游音旒謂賜以皁色旌旆之旒色與玄圭色副言其大功成也然其事亦當有所出）爾後嗣將大出（索隱曰出猶生也言爾後嗣繁昌將大出子孫也故左傳亦云晉公子姬出也）乃妻之姚姓之玉女（徐廣曰皇甫謐云賜之玄玉妻以姚姓之女也）大費拜受佐舜調馴鳥獸鳥獸多馴服是爲柏翳舜賜姓嬴氏大費生子二人一曰大廉實鳥俗氏二曰若木實費氏（索隱曰以仲衍鳥身人言故爲鳥俗氏俗一作洛若木以王父字爲費氏也）其玄孫曰費昌子孫或在中國或在夷狄（索隱曰殷紂時費仲即昌之後也）費昌當夏桀之時去夏歸商爲湯御以敗

桀於鳴條大廉玄孫曰孟戲中衍索隱曰舊解以孟戲仲衍是一
人今以孟仲分字當是二人名也鳥身人言正義曰身體是鳥而能人言又云口及手足似鳥也帝
太戊聞而卜之使御吉遂致使御而妻之自太
戊以下中衍之後遂世有功正義曰謂費昌及仲衍以佐殷
國故嬴姓多顯遂為諸侯其玄孫曰中潏徐廣曰一
作滑○正義曰中音仲潏音決宋忠注世本云仲滑生飛廉在西戎保西垂生蜚
廉蜚廉生惡來惡來有力晏子春秋曰手裂虎兕蜚廉善走
父子俱以材力事殷紂周武王之伐紂并殺惡
來是時蜚廉為紂石北方徐廣曰皇甫謐云作石槨於北方○索隱曰石下無
字則不成文意亦無所見必是史記本脫皇甫謐尚得其說徐雖引之而竟不云是脫何字專質之甚也○正義曰為于
偽反劉伯莊云霍太山紂都之北也霍太山在晋州霍邑縣按在衛州朝歌之西方也還無所報為
壇霍太山地理志霍太山在河東彘縣而報得石棺正義曰紂既以崩無所歸
報故為壇就霍太山而祭紂報云作得石槨銘曰帝令處父不與殷亂索隱
曰處父蜚廉別號賜爾石棺以華氏死遂葬於霍太山皇甫
謐云去彘縣十五里有冢常祠之○索隱曰言處父至忠國滅君死而不忘臣節故天賜石棺以光華其族事蓋非實譙
周深所不信蜚廉復有子曰季勝正義音升季勝生孟增孟
增幸於周成王是為宅皋狼正義曰地理志云西河郡皋狼縣也按孟增居
皋狼而生衡父皋狼生衡父衡父生造父造父以善御
幸於周繆王得驥溫驪徐廣曰溫一作盜駰案郭璞云為馬細頸驪黑色○索隱
曰溫音盜徐廣亦作盜鄒誕生本作駣音陶劉氏音義云盜驪騧也騧淺青色八駿既因色為名騧驪為得之也驊

騄郭璞曰色如華而赤今名馬驃赤者為棗騮騮馬赤也騄耳之駟郭璞曰紀年云北唐之君來見
以一驪馬是生綠耳八駿皆因其毛色以為名號騶案穆天子傳穆王有八駿之乘此紀不具者也。索隱曰按穆王傳
曰赤驥盜驪白義渠黃驊騮騟輪騄耳山子。正義騄音錄西巡狩樂而忘歸郭璞紀年
云穆王十七年西征於崑崙丘見西王母。正義曰括地志云崑崙山在肅州酒泉縣南八十里六國春秋云前梁張駿
酒泉守馬岌上言酒泉南山即崑崙之丘也周穆王見西王母樂而忘歸即謂此有石室王母堂珠璣鏤飾煥若神宮
按肅州在京西北二千九百六十里即小崑崙也非河源出處者徐偃王作亂地理志曰臨淮有徐
縣云故徐國尸子曰徐偃王有筋而無骨騶謂號偃由此。正義曰括地志云大徐城在泗州徐城縣北三十里古徐國
也博物志云徐君宮人有娠而生卵以為不祥棄於水濱洲孤獨無有大鵠蒼銜所棄卵以歸覆煖之乃成小兒生偃故
宮人聞之更取養之及長襲為徐君後鵠蒼臨死生角而九尾化為黃龍也鵠蒼或名后蒼括地志又云徐城在越州鄮
縣東南入海二百里夏侯志云翁洲上有徐偃王城傳云昔周穆王巡狩諸侯共尊偃王穆王聞之令造父御乘騕褭之

馬日行千里自還討之或云命楚王帥師伐之偃王乃於此處立城以終造父為繆王御長
驅歸周以救亂正義曰古史考云徐偃王與楚文王同時去周穆王遠矣且王者行有周衛豈
得救亂而獨長驅日行千里乎並言此事非實按年表穆王元年去楚文王元年三百一十八年矣繆王以
趙城封造父徐廣曰趙城在河東永安縣。正義曰括地志云趙城今晉州趙城縣是本彘縣地後改
曰永安即造父之邑也造父族由此為趙氏自蜚廉生季勝
已下五世至造父別居趙趙衰其後也惡來革
者蜚廉子也早死有子曰女防女防生旁皐旁
皐生太几太几生大駱大駱生非子以造父之
寵皆蒙趙城姓趙氏非子居犬丘徐廣曰今槐里也。正義曰括
地志云犬丘故城一名槐里亦曰廢丘在雍州始平縣東南十里地理志云扶風槐里縣周曰犬丘懿王都之秦更名廢

丘高祖三年更名槐里也好馬及畜正義好火到反畜許救反善養息之犬丘
人言之周孝王孝王召使主馬于汧渭之間正義
曰汧音牽言於二水之間在隴州以東馬大蕃息孝王欲以為大駱適
嗣申侯之女為大駱妻生子成為適申侯乃言
孝王曰昔我先酈山之女正義曰申侯之先娶於酈山為戎胥
軒妻正義曰胥軒仲衍曾孫也生中潏以親故歸周保西垂西
垂以其故和睦今我復與大駱妻生適子成申
駱重婚西戎皆服所以為王正義曰言申駱重婚重直龍反西戎皆從所以
得為王王即孝王王其圖之於是孝王曰昔伯翳為舜主
畜畜多息故有土賜姓嬴今其後世亦為朕息

馬朕其分土為附庸邑之秦徐廣曰今天水隴西縣秦亭也○正義曰括地
志云秦州清水縣本名秦嬴姓邑十三州志云秦亭秦谷是也周太史儋云始周與秦國合而別故天子邑之秦使
復續嬴氏祀號曰秦嬴亦不廢申侯之女子為
駱適者以和西戎秦嬴生秦侯秦侯立十年卒
生公伯公伯立三年卒生秦仲秦仲立三年周
厲王無道諸侯或叛之西戎反王室滅犬丘大
駱之族周宣王即位徐廣曰秦仲之十八年也乃以秦仲為大
夫誅西戎西戎殺秦仲秦仲立二十三年死於
戎毛詩序曰秦仲始大有車馬禮樂侍御之好也有子五人其長者曰莊公
周宣王乃召莊公昆弟五人與兵七千人使伐

西戎破之於是復予秦仲後及其先大駱地犬丘幷有之為西垂大夫【正義曰注水經云秦莊公伐西戎破之周宣與大駱犬丘之地為西垂大夫括地志云秦州上邽縣西南九十里漢隴西郡縣是也】莊公居其故西犬丘生子三人其長男世父世父曰戎殺我大父仲我非殺戎王則不敢入邑遂將擊戎讓其弟襄公襄公為太子莊公立四十四年卒太子襄公代立襄公元年以女弟繆嬴為豐王妻襄公二年【正義曰括地志云故汧城在隴州汧源縣東南三里帝王世紀云秦襄公二年徙都汧即此城】戎圍犬丘世父世父擊之為戎人所虜歲餘復歸世父七年春周幽王用褒姒廢太子立褒姒子為適

數欺諸侯諸侯叛之西戎犬戎與申侯伐周殺幽王酈山下而秦襄公將兵救周戰甚力有功周避犬戎難東徙雒邑【正義曰周平王徙居王城即雒邑云我卜澗水東瀍水西者也】襄公以兵送周平王平王封襄公為諸侯賜之岐以西之地曰戎無道侵奪我岐豐之地秦能攻逐戎即有其地與誓封爵之襄公於是始國與諸侯通使聘享之禮乃用駵駒【徐廣曰赤馬黑髦曰駵】黃牛羝羊各三祠上帝西畤【徐廣曰年表云立西畤祠白帝○索隱曰襄公始列為諸侯自以居西畤西畤縣名故作西畤祠白帝畤止也言神靈之所依止也亦音市謂為壇以祭天也】十二年伐戎而至岐卒生文公文公元年居西垂宮

正義曰即上西縣是也三年文公以兵七百人東獵四年至
汧渭之會曰昔周邑我先秦嬴於此後卒獲為
諸侯乃卜居之占曰吉正義曰括地志云郿縣故城在岐州郿縣東北十五里毛萇云
郿地名也秦文公東獵汧渭之會卜居之乃營邑焉即此城也即營邑之十年初為鄜
時徐廣曰鄜縣屬馮翊。索隱曰音敷亦縣名於鄜地作時故曰鄜時故封禪書曰秦文公夢黃蛇自天而下屬之地
上於鄜衍史敦以為神故立時也。正義曰括地志云三時原在岐州雍縣南二十里封禪書云秦文公作鄜時襄公作
西時靈公作吳陽上時並此原上因名也用三牢十三年初有史以紀事
民多化者十六年文公以兵伐戎戎敗走於是
文公遂收周餘民有之地至岐岐以東獻之周
十九年得陳寶索隱曰按漢書郊祀志云文公獲若石云于陳倉北坂城祠之其神來若雄雉
其聲殷殷云野雞夜名以一牢祠之號曰陳寶又臣瓚云陳
倉縣有寶夫人祠歲與葉君神會也蘇林云質如石似肝云
語辭。正義曰括地志云寶雞神在岐州陳倉縣東二十里
故陳倉城中晉太康地志云秦文公時陳倉人獵得獸若彘
不知名牽以獻之逢二童子童子曰此名為媦常在地中食
死人腦即欲殺之拍捶其首媦亦語曰二童子名陳寶得雄
者王得雌者霸陳倉人乃逐二童子化為雉雌上陳倉北坂
為石秦祠之搜神記云其雄者飛至南陽其後光武起於南
陽皆如其言也二十年法初有三族之罪張晏曰父母兄弟妻子也如淳曰父族母
族妻族也二十七年伐南山大梓豐大特徐廣曰今武都故道有怒特祠
圖大牛上生樹本有牛從木中出後見於豐水之中。正義
曰括地志云大梓樹在岐州陳倉縣南十里倉山上錄異傳
云秦文公時雍南山有大梓樹文公伐之輒有大風雨樹生
合不斷時有一人病夜往山中聞有鬼語樹神曰秦若使人
被髮以朱絲繞樹伐汝汝得不困耶樹神無言明日病人語
聞公如其言伐樹斷中有一青牛出走入豐水中其後牛出
豐水中使騎擊之不勝有騎墮地復上髮解牛畏之入不出
故置髦頭漢魏晉因之武都郡立怒特祠是大梓牛神也按

今俗畫青牛障是

四十八年文公太子卒賜謚爲竫公徐廣曰文公之四十四年魯隱之元年竫公之長子爲太子是文公孫也

五十年文公卒葬西山徐廣曰皇甫謐云葬於西山在今隴西之西縣竫公子立是爲寧公徐廣曰一作曼寧公二年公徙居平陽徐廣曰郿之平陽亭。正義曰帝王世紀云秦寧公都平陽按岐山縣有陽平鄉鄉內有平陽聚括地志云平陽故城在岐州岐山縣西四十六里秦寧公徙都之處遣兵伐蕩社徐廣曰蕩音湯社一作杜。索隱曰西戎之君號曰亳王蓋成湯之胤其邑曰蕩社徐廣云一作湯杜言湯邑在杜縣之界故曰湯杜也。正義曰括地志云雍州三原縣有湯陵又有湯臺在始平縣西北八里按其國蓋在三原始平之界矣三年與亳戰亳王奔戎遂滅蕩社皇甫謐云亳王號湯西夷之國也四年魯公子翬正義曰音暉即羽父也弒其君隱公十二年伐蕩氏取之寧

公生十歲立立十二年卒葬西山正義曰括地志云秦寧公墓在岐州陳倉縣西北三十七里秦陵山帝王世紀云秦寧公葬西山大麓故號秦陵山也按文公亦葬西山蓋秦陵山也生子三人長男武公爲太子武公弟德公同母魯姬子正義曰德公母號魯姬子生出子寧公卒大庶長弗忌威壘正義音力追反三父廢太子而立出子爲君出子六年三父等復共令人賊殺出子出子生五歲立立六年卒三父等乃復立故太子武公武公元年伐彭戲氏正義曰戲音許宜反戎號也蓋同州彭衙故城是也至于華山下正義曰即華嶽之下也居平陽封宮正義曰宮名在岐州平陽城內也三年誅三父等而夷三族以其殺出子也鄭高渠眯

殺其君昭公索隱曰春秋魯桓公十七年左傳作高渠彌也十年伐邽冀戎初縣之地理志隴西有上邽縣應劭曰即邽戎邑也冀縣屬天水郡十一年初縣杜鄭地理志京兆有鄭縣杜縣也。正義曰括地志云下杜故城在雍州長安縣東南九里古杜伯國華州鄭縣也毛詩譜云鄭國者周畿內之地宣王封其弟於咸林之地是爲鄭桓公按秦得皆縣之滅小虢班固曰西虢在雍州。正義曰虢音古伯反括地志云故虢城在岐州陳倉縣東四十里次西十餘里又有城亦名虢城輿地志云此虢文王母弟虢叔所封是曰西虢按此虢滅時陝州之虢猶謂之小虢又云小虢羌之別種十二年齊人管至父連稱等殺其君襄公而立公孫無知晉滅霍魏耿索隱曰春秋魯閔公元年左傳云晉滅耿滅魏滅霍又曰賜趙夙耿賜畢萬魏杜預註曰平陽皮氏縣東南有耿鄉永安縣東北有霍太山三國皆姬姓。正義曰括地志云霍晉州霍邑縣又春秋時霍伯國韋昭云霍姬姓也括地志云故耿城今名耿倉城在絳州龍門縣東南十二里故耿國也都城記云耿嬴姓國也齊雍

廩正義曰雍於宫反廩力甚反是雍林邑人姓名也殺無知管至父等而立齊桓公齊晉爲彊國十九年晉曲沃始爲晉侯索隱曰晉穆侯少子成師居曲沃號曲沃桓叔至武公稱滅晉侯緡始爲晉君也齊桓公伯於鄄正義伯音霸二十年武公卒葬雍平陽初以人從死從死者六十六人有子一人名曰白白不立封平陽正義曰即雍平陽也平陽時屬雍並在岐州解在上也立其弟德公德公元年初居雍城徐廣曰今縣在扶風大鄭宮正義曰括地志云岐州雍縣南七里故雍城秦德公大鄭公城也以犧三百牢祠鄜畤卜居雍後子孫飲馬於河正義曰卜居雍之後國益廣大後代子孫得東飲馬於龍門之河梁伯芮伯來朝索隱曰梁嬴姓芮姬姓梁國馮翊夏陽芮國馮翊臨晉。正義曰括地志云南芮鄉故城在同州朝邑縣南三十里又有

北芮城皆古芮伯國鄭玄云周同姓之國在畿內為王卿士者左傳云桓公三年芮伯萬之母芮姜惡芮伯之多寵人故逐之出居魏今按州芮城縣界有芮國城蓋是殷末虞芮爭田之芮國是也

二年初伏孟康曰六月伏日初也周時無至此乃有之。正義曰六月三伏之節起秦德公為之故云初伏伏者隱伏避盛暑也曆忌釋云伏者何以金氣伏藏之日也四時代謝皆以相生立春木代水水生木立夏火代木木生火立冬水代金金生水立秋以金代火故至庚日必伏庚者金故曰伏也以狗禦蠱徐廣曰年表云初作伏祠社磔狗邑四門也。正義曰蠱者熱毒惡氣為傷害人故磔狗以禦之年表云初作伏祠社磔狗邑四門按磔禳也狗陽畜也以狗張磔於郭四門禳却熱毒氣也左傳云皿蟲為蠱顏野王云穀皆積變為飛蠱也德公生三十三歲而立

立二年卒生子三人長子宣公中子成公少子穆公長子宣公立宣公元年衛燕伐周正義曰衛惠公朔今衛州也燕南燕也周天王也括地志云滑州故城古南燕國應劭云南燕姞姓之國黃帝之後出惠王

立王子頽三年鄭伯虢叔正義曰括地志云洛州汜水縣古東虢國亦鄭之制邑漢之成皋亦周穆王虎牢城左傳云宮之奇曰虢仲虢叔王季之穆也殺子頽而入惠王

四年作密畤正義曰括地志云漢有五畤在岐州雍縣南則鄜畤吳陽上畤下畤密畤北畤秦文公夢黃蛇自天而下屬地其口止於鄜衍作畤郊祭白帝曰鄜畤秦宣公作密畤於渭南祭青帝秦靈公作吳陽上畤祭黃帝作下畤亦祠黃帝漢高帝曰天有五帝今四何也待我而具五遂立黑帝曰北畤是也與晉戰河陽勝之十二年宣公卒生子九人莫立立其弟成公成公元年梁伯正義曰括地志云同州韓城縣南二十二里少梁故城古少梁國都城記云梁伯國嬴姓之後與秦同祖秦穆公二十二年滅之芮伯來朝齊桓公伐山戎次于孤竹正義曰括地志云孤竹故城在平州盧龍縣十二里殷時諸侯竹國也成公

立四年卒子七人莫立立其弟繆公索隱曰秦自宣公已上皆

史失其名今按世本古史考得繆公名任好繆公任好元年自將伐茅津正義曰劉伯莊云戎號也括地志云茅津及茅城在陝州河北縣西二十里注水經云茅亭茅戎號勝之四年迎婦於晉晉太子申生姊也其歲齊桓公伐楚至邵陵五年晉獻公滅虞虢虜虞君與其大夫百里傒以璧馬賂於虞故也既虜百里傒以為秦繆公夫人媵於秦百里傒亡秦走宛地理志南陽有宛縣。正義曰宛於元反今鄧州縣楚鄙人執之繆公聞百里傒賢欲重贖之恐楚人不與乃使人謂楚曰吾媵臣百里傒在焉請以五羖羊皮贖之楚人遂許與之當是時百里傒年已七十餘繆公釋其囚與

語國事謝曰臣亡國之臣何足問繆公曰虞君不用子故亡非子罪也固問語三日繆公大說授之國政號曰五羖大夫百里傒讓曰臣不及臣友蹇叔蹇叔賢而世莫知臣常游困於齊而乞食銍人徐廣曰銍一作銍。正義曰銍音珍栗反銍地名在沛縣蹇叔收臣臣因而欲事齊君無知蹇叔止臣臣得脫齊難遂之周周王子頹好牛臣以養牛干之及頹欲用臣蹇叔止臣臣去得不誅事虞君蹇叔止臣臣知虞君不用臣臣誠私利祿爵且留再用其言得脫一不用及虞君難是以知其賢於是繆公

使人厚幣迎蹇叔以爲上大夫秋繆公自將伐晉戰於河曲（徐廣曰一作西駰案公羊傳曰河千里而一曲也服虔曰河曲晉地杜預曰河曲在蒲坂南。正義曰按河曲在華陰縣界也）晉驪姬作亂太子申生死新城（正義曰韋昭云曲沃新爲太子城括地志云絳州曲沃縣有曲沃故城土人以爲晉曲沃新城）重耳夷吾出奔（正義曰重耳奔翟夷吾奔少梁也）九年齊桓公會諸侯於葵丘（正義曰括地志云葵丘在曹州考城縣東南一里一百五十步郭內即桓公會處又青州臨淄縣有葵丘即傳連稱管至父所戍處）晉獻公卒立驪姬子奚齊其臣里克殺奚齊荀息立卓子（徐廣曰一作倬）克又殺卓子及荀息夷吾使人請秦求入晉於是繆公許之使百里傒將兵送夷吾夷吾謂曰誠得立請割晉之河西八城（正義曰謂同華等州地）與秦及至已立而使丕鄭謝秦背約不與河西城而殺里克丕鄭聞之恐因與繆公謀曰晉人不欲夷吾實欲重耳今背秦約而殺里克皆呂甥郤芮之計也願君以利急召呂郤呂郤至則更入重耳便繆公許之使人與丕鄭歸召呂郤呂郤等疑丕鄭有閒乃言夷吾殺丕鄭丕鄭子丕豹奔秦說繆公曰晉君無道百姓不親可伐也繆公曰百姓苟不便何故能誅其大臣能誅其大臣此其調也（正義曰調音徒聊反言能誅大臣丕鄭云是夷吾於百姓調和也劉伯莊音徒弔反按調選也邪臣誅忠臣用是夷吾能調選兩通也）不聽而陰用豹十二年齊管仲隰朋死晉旱來請粟丕豹說繆公勿與因其饑而伐之繆公問公孫支服虔曰秦大夫公孫子桑支曰饑穰更事耳不可不與問百里傒傒曰夷吾得罪於君其百姓何罪於是用百里傒公孫支言卒與之粟以船漕車轉自雍相望至絳賈逵曰雍秦國都絳晉國都也十四年秦饑請粟於晉晉君謀之羣臣虢射曰正義射音石也因其饑伐之可有大功晉君從之十五年興兵將攻秦繆公發兵使丕豹將自往擊之九月壬戌與晉惠公夷吾合戰於韓地正義曰左傳云僖公十五年秦晉戰于韓原秦獲晉侯以歸括地志云韓原在同州韓城縣西南十

八里十六國春秋云魏顆夢父結草抗秦將杜回亦在韓原晉君弃其軍與秦爭利還而馬鷙正義曰鷙音致又勑利反國語云晉師潰戎馬還濘而止韋昭云濘深泥也繆公與麾下馳追之不能得晉君反為晉軍所圍晉擊繆公繆公傷於是岐下食善馬者三百人馳冒晉軍晉軍解圍遂脫繆公而反生得晉君初繆公亡善馬岐下野人共得而食之者三百餘人正義曰括地志云野人塢在岐州雍縣東北二十里按野人盜馬食處因名焉吏逐得欲法之繆公曰君子不以畜產害人吾聞食善馬肉不飲酒傷人乃皆賜酒而赦之三百人者聞秦擊晉皆求從從而見繆公窘亦皆推鋒爭死以

報食馬之德於是繆公虜晉君以歸令於國齊宿吾將以晉君祠上帝周天子聞之曰晉我同姓爲請晉君夷吾姊亦爲繆公夫人夫人聞之乃衰絰跣曰妾兄弟不能相救以辱君命繆公曰我得晉君以爲功今天子爲請夫人是憂乃與晉君盟許歸之更舍上舍而饋之七牢〔賈逵曰諸侯雍餼七牢牛一羊一豕一爲一牢也〕十一月歸晉君夷吾夷吾獻其河西地使太子圉爲質於秦秦妻子圉以宗女是時秦地東至河〔正義曰晉河西八城入秦秦東境至河即龍門河也〕十八年齊桓公卒二十年秦滅梁芮〔正義曰梁芮國皆在同州秦得其地故滅二國之君〕二十二年晉公子圉聞晉君病曰梁我母家也〔正義曰子圉母梁伯之女也〕而秦滅之我兄弟多即君百歲後秦必留我而晉輕亦更立他子子圉乃亡歸晉二十三年晉惠公卒子圉立爲君秦怨圉亡去乃迎晉公子重耳於楚而妻以故子圉妻重耳初謝後乃受繆公益禮厚遇之二十四年春秦使人告晉大臣欲入重耳晉許之於是使人送重耳二月重耳立爲晉君是爲文公文公使人殺子圉子圉是爲懷公其秋周襄王弟帶以翟伐王王出居鄭〔正義曰王居于氾邑也〕二十五年周王使

人告難於晉秦秦繆公將兵助晉文公入襄王
殺王弟帶二十八年晉文公敗楚於城濮正義曰衞
地也今濮州三十年繆公助晉文公圍鄭正義曰左傳僖公三十年晉侯
秦伯圍鄭杜預云文公過鄭鄭不禮之鄭使人言繆公曰亡鄭厚晉於
晉而得矣而秦未有利晉之彊秦之憂也繆公
乃罷兵歸晉亦罷三十二年冬晉文公卒鄭人
有賣鄭於秦曰我主其城門鄭可襲也繆公問
蹇叔百里傒對曰徑數國千里而襲人希有得
利者且人賣鄭庸知我國人不有以我情告鄭
者乎不可繆公曰子不知也吾已決矣遂發兵

使百里傒子孟明視蹇叔子西乞術及白乙丙
將兵行日百里傒蹇叔二人哭之繆公聞怒曰
孤發兵而子沮哭吾軍何也正義曰沮自呂反沮毀也左傳云蹇叔哭之曰
孟子吾見師之出不見其入也二老曰臣非敢沮君軍軍行臣監本
作吾子與往正義與音預臣老遲還恐不相見故哭耳二
老退謂其子曰汝軍即敗必於殽阨矣正義曰殽音故交反
阨音厄春秋云魯僖公三十三年晉人及姜戎敗秦師于殽括地志云三殽山又名嶔岑山在洛州永寧縣西北二十里
即古之殽道也三十三年春秦兵遂東更晉地過周北門
周王孫滿曰秦師無禮正義曰左傳云秦師過周北門左右免冑而下超乘者三
百乘王孫滿尚幼觀之言於王曰秦師輕而無禮必敗杜預云王城北門也謂過天子門不卷甲束兵超乘示勇也不

敗何待兵至滑（正義曰爲八反括地志云緱氏故城在洛州緱氏縣東二十五里滑伯國也韋
昭云姻姓小國也）鄭販賣賈人（正義曰賣麥卦反賈音古左傳作商人也）弦高（人姓
名）持十二牛將賣之周見秦兵恐死虜因獻其
牛曰聞大國將誅鄭鄭君謹修守禦備使臣以
牛十二勞軍士秦三將軍相謂曰將襲鄭鄭今
已覺之往無及已滅滑滑晉之邊邑也當是時
晉文公喪尚未葬太子襄公怒曰秦侮我孤因
喪破我滑遂墨衰絰發兵遮秦兵於殽擊之大
破秦軍無一人得脫者虜秦三將以歸文公夫
人秦女也（服虔曰繆公女）爲秦三囚將請曰繆公之怨此

三人入於骨髓願令此三人歸令我君得自快
烹之晉君許之歸秦三將三將至繆公素服郊
迎鄉三人哭曰孤以不用百里傒蹇叔言以辱
三子三子何罪乎子其悉心雪恥毋怠遂復三
人官秩如故愈益厚之三十四年楚太子商臣
弒其父成王代立繆公於是復使孟明視等將
兵伐晉戰于彭衙（杜預曰馮翊部陽縣西北有衙城。正義曰括地志云彭衙故城在同州
白水縣東北六十里）秦不利引兵歸戎王使由余（正義曰戎人姓名）於
秦由余其先晉人也亡入戎能晉言聞繆公賢
故使由余觀秦秦繆公示以宮室積聚由余曰

使鬼爲之則勞神矣使人爲之亦苦民矣繆公
怪之問曰中國以詩書禮樂法度爲政然尚時
亂今戎夷無此何以爲治不亦難乎由余笑曰
此乃中國所以亂也夫自上聖黃帝作爲禮樂
法度身以先之僅以小治及其後世日以驕淫
阻法度之威以責督於下下罷極（正義罷音皮）則以仁
義怨望於上上下交爭怨而相簒弑至於滅宗
皆以此類也夫戎夷不然上含淳德以遇其下
下懷忠信以事其上一國之政猶一身之治不
知所以治此眞聖人之治也於是繆公退而問

內史廖曰（漢書百官表曰內史周官也）孤聞鄰國有聖人敵國
之憂也今由余賢寡人之害將奈之何內史廖
曰戎王處辟匿未聞中國之聲君試遺其女樂
以奪其志（徐廣曰奪一作佝）爲由余請以疏其間留而莫
遣以失其期戎王怪之必疑由余君臣有閒乃
可虜也且戎王好樂必怠於政繆公曰善因與
由余曲席而坐（正義曰按牀在穆公左右相連而坐謂之曲席也）傳器而食
問其地形與其兵勢盡詧而後令內史廖以女
樂二八遺戎王戎王受而說之終年不還於是
秦乃歸由余由余數諫不聽繆公又數使人閒

要由余由余遂去降秦繆公以客禮禮之問伐戎之形正義曰韓國云秦穆公都地方三百里并國十四辟地千里隴西北地郡是也三十六年繆公復益厚孟明等使將兵伐晉渡河焚船大敗晉人取王官及鄗徐廣曰左傳作郊駰案服虔曰此晉地不能有。正義曰鄗音郊左傳作郊杜預云書取言易也括地志云王官故城在同州澄城縣西北九十里又云南郊故城在縣北十七里又有北郊故城又有西郊古城左傳云文公三年秦伯伐晉濟河焚舟取王官及郊也括地志云蒲州猗氏縣南二里又有王官故城亦秦伯取者上文云秦東地至河蓋猗氏王官是也以報殽之役晉人皆城守不敢出於是繆公乃自茅津徐廣曰在太陽。正義曰括地志云茅津在陝州河北縣太陽縣也渡河正義曰自茅津南度河也封殽中尸賈逵曰封識之。正義曰左傳云秦伯伐晉濟河焚舟晉人不出遂自茅津濟封殽尸而還杜預云封埋藏也爲發喪哭

之三日乃誓於軍曰嗟士卒聽無譁余誓告汝古之人謀黃髮番番正義曰音婆字當作皤皤白頭皃言髮白而更黃故云黃髮番番以申思謂蹇叔百里奚也則無所過以申思不用蹇叔百里傒之謀故作此誓令後世以記余過君子聞之皆爲垂涕曰嗟乎秦繆公之與人周也服虔曰周備也卒得孟明之慶三十七年秦用由余謀伐戎王益國十二開地千里遂霸西戎天子使召公過賀繆公以金鼓三十九年繆公卒葬雍皇覽曰秦繆公冢在橐泉宮祈年觀下。正義曰廟記云橐泉宮秦孝公造祈年觀德公起蓋在雍州城內括地志云秦穆公冢在岐州雍縣東南二里從死者百七十七人秦之良臣子輿氏三人

名曰奄息仲正義曰毛萇云良善也三善臣也左傳云子車氏之三子杜預云子車秦大夫也行鍼虎亦在從死之中正義曰行音胡郎反鍼音其廉反應劭云秦穆公與羣臣飲酒酣公曰生共此樂死共此哀於是奄息仲行鍼虎許諾及公薨皆從死黃鳥詩所爲作也杜預云以人葬爲殉也括地志云三良冢在岐州雍縣一里故城內秦人哀之爲作歌黃鳥之詩君子曰秦繆公廣地益國東服彊晉西霸戎夷然不爲諸侯盟主亦宜哉死而弃民收其良臣而從死且先王崩尚猶遺德垂法況奪之善人良臣百姓所哀者乎是以知秦不能復東征也繆公子四十人其太子罃代立是爲康公康公元年往歲繆公之卒晉襄公亦卒襄公之弟名雍秦出也正義曰雍母秦女故言秦出也在秦晉趙盾欲立之使隨會來迎正義曰韓昭云晉正卿士蔿之孫成伯之子季武子也食采於隨范故曰隨會或曰范會季范子字也雍秦以兵送至令狐杜預曰在河東○正義曰令音零括地志云令狐故城在蒲州猗氏縣界十五里也晉立襄公子而反擊秦師秦師敗隨會來奔二年秦伐晉取武城正義曰括地志云故武城一名武平城在華州鄭縣東北十三里也報令狐之役四年晉伐秦取少梁正義曰前入秦後歸晉今秦又取之六年秦伐晉取羈馬服虔曰晉邑也戰於河曲大敗晉軍晉人患隨會在秦爲亂乃使魏讎餘服虔曰晉之魏邑大夫○正義曰讎音受又作犫音同詳正義詳音羊反合謀會詐而得會會遂歸晉康公立十二年卒子共公立索隱

（曰名假十代至靈公又並失名）共公二年晉趙穿弒其君靈公三年楚莊王彊北兵至雒問周鼎共公立五年卒子桓公立桓公三年晉敗我一將十年楚莊王服鄭北敗晉兵於河上當是之時楚霸為會盟合諸侯二十四年晉厲公初立與秦桓公夾河而盟歸而秦倍盟與翟合謀擊晉二十六年晉率諸侯伐秦秦軍敗走追至涇而還桓公立二十七年卒子景公立（徐廣曰世本云景公名后伯車也。索隱曰景公已下名又錯亂始皇本紀作哀公）景公四年晉欒書弒其君厲公十五年救鄭敗晉兵於櫟（杜預曰晉地也。正義曰櫟音歷括地志云洛州陽翟縣古櫟邑也）是時

晉悼公為盟主十八年晉悼公彊數會諸侯率以伐秦敗秦軍秦軍走晉兵追之遂渡涇至棫林而還（徐廣曰棫音域駰案杜預曰秦地也）二十七年景公如晉與平公盟已而背之三十六年楚公子圍弒其君而自立是為靈王景公母弟后子鍼（正義音鉗）有寵景公母弟富或譖之恐誅乃奔晉車重千乘晉平公曰后子富如此何以自亡對曰秦公無道畏誅欲待其後世乃歸三十九年楚靈王彊會諸侯於申（正義曰在鄧州南陽縣三十里）為盟主殺齊慶封景公立四十年卒子哀公立（索隱曰始皇本紀作畢公）后子復來歸

秦哀公八年楚公子棄疾弑靈王而自立是為平王十一年楚平王來求秦女為太子建妻至國女好而自娶之十五年楚平王欲誅建建亡正義曰太子建亡之鄭鄭殺之伍子胥奔吳晉公室卑而六卿彊欲內相攻是以久秦晉不相攻三十一年吳王闔閭與伍子胥伐楚楚王亡奔隨吳遂入郢楚大夫申包胥來告急正義曰包胥姓公孫封於申故號申包胥左傳云申包胥如秦乞師曰吳為封豕長蛇以荐食上國虐始於楚寡君失守社稷越在草莽使下臣告急曰夷德無厭若鄰於君疆埸之患也逮吳之未定君其取分焉若楚之遂亡君之土也若以君靈撫之世以事君七日不食日夜哭泣正義曰左傳云申包胥對秦伯曰寡君越在草莽未獲所伏下臣何敢即安立依於庭牆而哭日夜不絕聲勺飲不

入口七日秦哀公為賦無衣九頓首而坐秦師乃出於是秦乃發五百乘救楚正義曰左傳魯定公五年秦子蒲子虎帥車五百乘以救楚敗吳師於軍祥敗吳師吳師歸楚昭王乃得復入郢哀公立三十六年卒太子夷公夷公蚤死不得立立夷公子是為惠公惠公元年孔子行魯相事五年晉卿中行范氏反晉晉使智氏趙簡子攻之范中行氏亡奔齊惠公立十年卒子悼公立悼公二年齊臣田乞弑其君孺子立其兄陽生為悼公六年吳敗齊師齊人弑悼公立其子簡公九年晉定公與吳王夫差盟爭長於黃池卒先吳徐廣曰外傳云吳王先歃吳彊陵

中國十二年齊田常弑簡公立其弟平公常相之十三年楚滅陳秦悼公立十四年卒子厲共公立孔子以悼公十二年卒厲共公二年蜀人來賂十六年塹河旁以兵二萬伐大荔取其王城（徐廣曰今之臨晉也臨晉有王城○正義曰荔音戾括地志云同州東三十里朝邑縣東三十步故王城大荔近王城邑）二十一年初縣頻陽（地理志馮翊有頻陽縣○正義曰括地志云頻陽故城在雍州同官縣界古頻陽縣城也）晉取武成二十四年晉亂殺智伯分其國與趙韓魏二十五年智開與邑人來奔（徐廣曰一本二十六年城南鄭也○正義曰開智伯子伯被趙襄子等滅其國其子與從屬來奔秦）三十三年伐義渠虜其王（應劭曰義渠北地也○正義曰括地志云寧慶二州春秋及戰國時為義渠戎國之地也）三十四年日食厲共公卒子躁公立躁公二年南鄭反（正義曰南鄭今梁州所理縣也春秋及戰國時其地屬於楚也）十三年義渠來伐至渭南十四年躁公卒立其弟懷公（索隱曰厲共公子也生昭太子未立而卒太子之子是為靈公）懷公四年庶長鼂（正義曰長丁丈反鼂竹遙反鼂人名也劉伯莊音潮）與大臣圍懷公懷公自殺懷公太子曰昭子蚤死大臣乃立太子昭子之子是為靈公（索隱曰生獻公也）靈公懷公孫也靈公六年晉城少梁秦擊之十三年城籍姑（正義曰括地志云籍姑故地在同州韓城縣北三十五里）靈公卒子獻公不得立立靈公季父（索隱曰獻公名師隰）悼子是為簡公簡公昭之弟而懷公子也（索隱曰簡

公懷公弟靈公季父也子惠公立始皇本紀云靈公生簡公誤也又紀年云簡公九年卒次敬公立十二年卒乃立惠公○正義曰劉伯莊云簡公是昭子之弟懷公之子厲公之孫今史記謂簡公是厲公子者抄寫之誤簡公六年令吏初帶劒正義曰春秋官吏各得帶劒塹洛城重泉地理志重泉縣屬馮翊○正義曰重直龍反括地志云重泉故城在同州蒲城縣東南四十五里也十六年卒徐廣曰表云十五年也子惠公立惠公十二年子出子生十三年伐蜀取南鄭惠公卒出子立出子二年庶長改迎靈公之子獻公于河西而立之正義曰西者秦州西縣秦之舊地時獻公在西縣故迎立之殺出子及其母沈之淵旁秦以往者數易君君臣乖亂故晉復彊奪秦河西地正義曰奪前所上八城也獻公元年徐廣曰丁酉止從死二年城櫟陽

徐廣曰徙都之今萬年是也○正義曰括地志云櫟陽故城一名萬年城在雍州東北百二十里櫟陽漢七年分櫟陽城內爲萬年縣隋文帝開皇三年遷都於龍首川今京城也改萬年爲大興縣至唐武德元年又改曰萬年置在州東七里四年正月庚寅孝公生十一年周太史儋見獻公曰周故與秦國合而別別五百歲復合合七十七歲而霸王出十六年桃冬花十八年雨金櫟陽正義曰言雨金於秦國都明金瑞見也二十一年與晉戰於石門正義曰括地志云堯門山俗名石門在雍州三原縣西北三十三里上有路其狀若門故老云堯鑿山爲門因名之武德年中於此山南置石門縣貞觀年中改爲雲陽縣斬首六萬天子賀以黼黻周禮曰白與黑謂之黼黑與青謂之黻二十三年與魏晉戰少梁虜其將公孫痤正義在戈反二十四年獻公卒徐廣曰表云二十三年

子孝公立索隱曰名渠梁年已二十一歲矣孝公元年徐廣曰庚申也河山以東彊國六與齊威楚宣魏惠燕悼韓哀趙成侯並淮泗之間正義曰並白浪反謂淮泗二水小國十餘楚魏與秦接界正義曰楚北及魏西與秦相接北自梁州漢中郡南有巴渝過江南有黔中巫郡也魏西界與秦相接南自華州鄭縣西北過渭水濱洛水東岸向北有上郡鄜州之地皆築長城以界秦境洛即漆沮水也魏築長城自鄭濱洛以北有上郡楚自漢中南有巴黔中周室微諸侯力政爭相併秦僻在雍州不與中國諸侯之會盟夷翟遇之孝公於是布惠振孤寡招戰士明功賞下令國中曰昔我穆公自岐雍之間修德行武東平晉亂以

河爲界正義曰即龍門河也西霸戎翟廣地千里天子致伯諸侯畢賀爲後世開業甚光美會往者厲躁簡公出子之不寧國家內憂未遑外事三晉攻奪我先君河西地諸侯卑秦醜莫大焉獻公即位鎮撫邊境徙治櫟陽且欲東伐復穆公之故地脩穆公之政令寡人思念先君之意常痛於心賓客羣臣有能出奇計彊秦者吾且尊官與之分土於是乃出兵東圍陝城西斬戎之獂王地理志天水有獂道縣應劭曰獂戎邑音桓衛鞅聞是令下西入秦因景監正義曰監甲暫反閹人也求見孝公二年天子致胙三年衛鞅

說孝公變法脩刑內務耕稼外勸戰死之賞罰
孝公善之甘龍杜摯等弗然相與爭之卒用鞅
法百姓苦之居三年百姓便之乃拜鞅為左庶
長其事在商君語中七年與魏惠王會杜平正義
曰在同州澄城縣界也八年與魏戰元里正義曰祁城在同州澄城縣界有功
十年衛鞅為大良造將兵圍魏安邑降之地理志曰
河東有安邑縣。正義曰括地志云安邑故城在絳州夏縣東北十五里本夏之都十二年作為
咸陽正義曰括地志云咸陽故城亦名渭城在雍州咸陽縣東十五里京城北四十五里即秦孝公徙都之者今
咸陽縣古之杜郵白起死處築冀闕正義曰劉伯莊云冀猶記事闕即象魏也秦徙都之
并諸小鄉聚正義曰萬二千五百家為鄉聚猶村落之類也集為大縣縣一

令漢書百官表曰縣令長皆秦官萬戶以上為令秩千石至六百石減萬戶為長秩五百石至三百石皆有丞尉四
十一縣為田開阡陌索隱曰風俗通曰南北曰阡東西曰陌河東以東西為阡南北為陌
東地渡洛十四年初為賦徐廣曰制貢賦之法也。索隱曰譙周云初為軍賦
也十九年天子致伯正義曰伯音霸又如字孝公十九年天子始封爵為霸即太史儋云
合七十七歲而霸王出之年故天子致伯桓譚新論云夫上古稱三皇五帝而次有三王五伯此天下君之冠首也故言
三皇以道理而五帝用德化三王由仁義五伯以權智其說之曰無制令刑罰謂之皇有制令而無刑罰謂之帝賞善誅
惡諸侯朝事謂之王興兵約盟以信義矯世謂之伯二十年諸侯畢賀秦使公
子少官率師會諸侯逢澤徐廣曰開封東北有逢澤。正義曰括地志云逢澤
亦名逢池在汴州浚儀縣東南十四里朝天子二十一年齊敗魏馬陵
正義曰虞喜志林云濮州甄城縣東北六十餘里有馬陵澗谷深可以置伏按龐涓敗即此也二十二年

衛鞅擊魏虜魏公子卬封鞅爲列侯號商君正義曰商州商洛縣在州東八十九里鞅所封也契所封地二十四年與晉戰鴈門索隱曰紀年云與魏戰岸門此云鴈門恐聲誤也又下云敗韓岸門蓋一地也尋秦與韓魏戰不當遠至鴈門也○正義曰括地志云岸門在許州長社縣西北二十八里今名西武亭虜其將魏錯正義七故反孝公卒子惠文君立索隱曰名駟是歲誅衛鞅鞅之初爲秦施法正義曰爲于僞反法不行太子犯禁鞅曰法之不行自於貴戚君必欲行法先於太子太子不可黥黥其傅師於是法大用秦人治及孝公卒太子立宗室多怨鞅鞅亡因以爲反而卒車裂以徇秦國漢書曰商君爲法於秦戰斬一首賜爵一級欲爲官者五千石其爵名一爲公士二上造三簪裊四不更五大夫六公大夫七官大夫八公乘九五大夫十左庶長十一右庶長十二左更十三中更十四右更十五少上造十六大上造十七駟車庶長十八大庶長十九關内侯二十徹侯

惠文君元年楚韓趙蜀人來朝二年天子賀三年王冠正義曰冠音館禮記云年二十行冠禮也四年天子致文武胙齊魏爲王索隱曰齊威王魏惠王五年陰晉人犀首正義曰犀音西地理志云華陰縣故陰晉秦惠王五年更名寧秦高祖八年更名華陰爲大良造犀首官名姓公孫名衍○索隱曰官名若虎牙之類姓公孫名衍魏人也六年魏納陰晉陰晉更名寧秦徐廣曰今之華陰也七年公子卬與魏戰虜其將龍賈斬首八萬八年魏納河西地九年渡河取汾陰皮氏地理志云二縣屬河東○正義曰渡河東取之括地志云汾陰故城俗名殷湯城在蒲州汾陰縣北也皮氏在絳州龍門縣西一里八十步即古皮氏城也與魏

王會應正義曰應乙陵反括地志云故應城因應山爲名古之應國在汝州魯山縣東三十里左傳云邘晉
應韓武之穆也圍焦降之正義曰括地志云焦城在陝州城內東北百步因焦水爲名周同姓所封左傳
云虞虢焦滑霍楊韓魏皆姬姓也杜預云八國皆爲晉所滅按武王克商封神農之後於焦而後封姬姓也十年
張儀相秦魏納上郡十五縣正義曰今鄜綏等州也魏前納陰晉次納同丹
二州今納上郡而盡河西濱洛之地矣十一年縣義渠正義曰地理志云北地郡義渠道秦
縣也括地志云寧原慶三州秦北地郡戰國及春秋時爲義渠戎國之地周先公劉不窋居之古西戎也歸魏
焦曲沃正義曰括地志云曲沃在陝州縣西南三十二里因曲沃水爲名按焦曲沃二城相近本魏地適屬
秦今還魏故言歸也義渠君爲臣更名少梁曰夏陽十二年
初臘正義曰臘盧盍反十二月臘日也秦惠文王始效中國爲之故云初臘獵禽獸以歲終祭先祖因立此日
也風俗通云禮傳云夏曰嘉平殷曰清祀周曰蜡漢改曰臘禮曰天子大蜡八伊耆氏始爲蜡蜡者索也歲十二月合聚

萬物而索饗之十三年四月戊午魏君爲王韓亦爲王正義
曰魏襄王韓宣惠王也使張儀伐取陝出其人與魏十四年
更爲元年二年張儀與齊楚大臣會齧桑三年徐廣
韓魏太子來朝張儀相魏五年王游至北河
曰戎地在河上○正義曰按王游觀北河至靈夏州之黃河也七年樂池正義曰樂音岳池徒何反裴氏
音池也相秦韓趙魏燕齊帥匈奴共攻秦秦使庶
長疾與戰脩魚虜其將申差正義曰脩魚韓邑也年表云秦敗我脩魚得韓
將軍申差敗趙公子渴韓太子奐斬首八萬二千八
年張儀復相秦九年司馬錯伐蜀滅之索隱曰蜀西南夷舊
有君長故昌意娶蜀山氏女也其後有杜宇自立爲王號曰望帝蜀王元年秦惠本紀曰張儀伐蜀蜀王開戰不勝爲儀

所滅之也伐取趙中都西陽地理志太原有中都縣。正義曰括地志云中都故縣在汾州平遥縣西十二里即西都也西陽即中陽也在汾州隰城縣南十里地理志云西都中陽屬西河郡此云伐取趙中都西陽趙世家云秦取我西都及中陽年表云秦惠文王後元九年取趙中都西陽安邑趙武靈王十年秦取中都安陽本紀世家年表其縣名異年歲寔同所伐唯一處故具録之以示後學十年韓太子蒼來質伐取韓石章正義曰韓地名也伐敗趙將泥徐廣曰將一作莊。正義曰趙將名也伐取義渠二十五城十一年樗里疾攻魏焦降之敗韓岸門斬首萬其將犀首走公子通封於蜀徐廣曰是歲王報元年。索隱曰華陽國志曰報王元年秦惠王封子通國爲蜀侯以陳莊爲相徐廣所云亦據國志而言之燕君讓其臣子之十二年王與梁王會臨晉庶長疾攻趙虜趙將莊張儀相楚十三年庶長章擊楚於丹陽虜其將屈匄斬首八萬又攻楚漢中取地六百里置漢中郡楚圍雍氏秦使庶長疾助韓而東攻齊到滿正義曰滿或作蒲秦將姓名也助魏攻燕十四年伐楚取召陵丹犂臣蜀正義曰二戎號也臣伏於蜀蜀相殺蜀侯幷丹犂二國降秦在蜀西南桃府管內本西南夷戰國時蜀滇國唐初置犂州丹州也相壯徐廣曰一作狀殺蜀侯來降惠王卒子武王立索隱曰名蕩韓魏齊楚越徐廣曰一作趙皆賓從武王元年與魏惠王會臨晉徐廣曰表云哀王。正義曰按魏惠王卒已二十五年矣誅蜀相壯張儀魏章皆東出之魏伐義渠丹犂二年初置丞相應劭曰丞者承也相助也樗里疾甘茂爲左右丞相張儀死於魏三

年與韓襄王會臨晉外正義曰外謂臨晉城外外字一作水南公揭
卒摴里疾相韓武王謂甘茂曰寡人欲容車通
三川窺周室死不恨矣其秋使甘茂庶長封伐
宜陽正義曰在河南府福昌縣東十四里故韓城是也此韓之大郡伐取之三川路乃通也四年拔
宜陽斬首六萬涉河城武遂徐廣曰韓邑也。正義曰按此邑本屬韓近平
陽韓世家云貞子居平陽九世至哀侯徙鄭楚世家云而韓猶服事秦者以先王墓在平陽而秦之武遂去之七十里故
知近平陽魏太子來朝武王有力好戲力士任鄙烏
獲孟說皆至大官王與孟說舉鼎絕臏徐廣曰一作脈
○正義曰臏音頻忍反絕斷也臏脛骨也八月武王死皇覽曰秦武王冢在扶風安陵縣西北畢陌中
大冢是也人以爲周文王冢非也周文王冢在杜中。正義曰括地志云秦悼武王陵在雍州咸陽縣西北十五里也

族孟說武王取魏女爲后無子立異母弟是爲
昭襄王索隱曰名則一名稷武王弟昭襄母楚人姓芊氏號宣
太后武王死時昭襄王爲質於燕燕人送歸得
立昭襄王元年嚴君疾爲相正義曰蓋封蜀郡嚴道縣因號嚴君疾名也
甘茂出之魏二年彗星見正義曰彗似歲反又先到反庶長壯
與大臣諸侯公子爲逆皆誅及惠文后皆不得
良死徐廣曰迎歸於楚者悼武王后出歸魏三年王冠與楚
王會黃棘正義曰棘紀力反蓋在房襄二州也與楚上庸地理志漢中有上庸縣。正義
曰括地志云上庸今房州竹邑縣及金州是也四年取蒲坂正義曰括地志云蒲坂故城在蒲州河東
縣南二里即堯舜所都也彗星見五年魏王來朝應亭徐廣曰魏世家

二云會臨晉○正義雁音乙陵反復與魏蒲坂六年蜀侯煇反索隱曰煇音暉華陽國志曰秦封王子煇爲蜀侯蜀侯祭歸胙於王後母疾之加毒以進王大怒使司馬錯賜煇劒比煇不同也司馬錯定蜀庶長奐伐楚斬首二萬涇陽君質於齊索隱曰名市日食晝晦七年拔新城正義曰楚世家云懷王二十九年秦復伐楚大破楚軍楚軍死二萬殺我將軍景缺年表二云秦敗我襄城殺景缺括地志云許州襄城縣即古新城縣也按世家年表則新字誤作襄字樗里子卒八年使將軍羋戎攻楚取新市晉帝記曰江夏有新市縣齊使章子魏使公孫喜韓使暴鳶共攻楚方城取唐眛索隱曰暴鳶韓將姓名趙破中山其君亡竟死齊魏公子勁韓公子長爲諸侯索隱曰別封之邑比之諸侯猶商君趙長安君然九年孟嘗君薛文來相秦奐攻

楚取八城殺其將景快十年楚懷王入朝秦秦留之薛文以金受免正義曰金受秦丞相姓名免奪其丞相樓緩爲丞相十一年齊韓魏趙宋中山五國共攻秦正義曰蓋中山此時屬趙故云五國也至鹽氏而還徐廣曰鹽一作監○正義曰括地志二云鹽故城一名司鹽城在蒲州安邑縣按掌鹽池之官因稱氏秦與韓魏河北及封陵以和正義曰年表云秦與魏封陵與韓武遂以和按河外陝虢曲沃等地封陵在古蒲坂縣西南河曲之中武遂平陽地也彗星見楚懷王走之趙趙不受還之秦即死歸葬十二年樓緩免穰侯正義曰括地志二云穰鄧州所理縣即古穰侯國魏冉爲相予楚粟五萬石十三年向壽伐韓取武始地理志魏郡有武始縣○正義曰括地志二云武始故城在洛州武始縣西南十里左更白起攻新

城正義曰白起傳云白起爲左庶長將兵擊韓之新城括地志云洛州伊闕縣本是漢新城縣隋文帝改爲伊闕在洛州南七十里五大夫禮出亡奔魏任鄙爲漢中守漢書百官表曰郡守秦官十四年左更白起攻韓魏於伊闕正義曰括地志云伊闕在洛州南十九里注水經云昔大禹疏龍門以通水兩山相對望之若闕伊水歷其間故謂之伊闕按今洛南猶謂之龍門也斬首二十四萬虜公孫喜拔五城十五年大良造白起攻魏取垣正義曰垣音袁前秦取蒲坂復以蒲坂與魏魏以爲垣今又取魏垣復與之後秦以爲蒲坂皮氏復予之攻楚取宛十六年左更錯取軹及鄧地理志河內有軹縣南陽有鄧縣。正義曰括地志云故軹城在懷州濟源縣東南十三里故鄧城在懷州河陽縣西三十一里並六國時魏邑也按二城相連故云及也冄免封公子市宛公子悝鄧索隱曰悝號高陵君初封於彭昭襄王弟也魏冄陶爲諸侯

十七年城陽君正義曰括地志云濮州雷澤縣本漢郕陽縣古郕伯姬姓之國周武王封弟季載於郕其後遷城之陽也入朝及東周君來朝秦以垣爲蒲坂皮氏索隱曰爲當爲易蓋字訛也。正義曰蒲坂今河東縣也皮氏故縣在絳州龍門縣西一里八十步王之宜陽十八年錯攻垣正義曰蓋蒲坂皮氏又歸魏魏復以爲垣今重攻取之也河雍決橋取之徐廣曰汲冢紀年云魏哀王二十四年改宜陽曰河雍改向曰高平向在軹之西十九年王爲西帝齊爲東帝皆復去之呂禮來自歸齊破宋宋王在魏死溫任鄙卒二十年徐廣曰秦地有父馬生駒王之漢中又之上郡北河二十一年徐廣曰有牡馬生牛而死錯攻魏河內魏獻安邑秦出其人募徙河東賜爵赦罪人遷之涇陽君封宛二十二年蒙武

伐齊河東爲九縣與楚王會宛與趙王會中陽地理志西河有中陽縣
二十三年尉斯離正義曰尉都尉斯離名也與三晉
燕伐齊索隱曰尉秦官斯離其姓名破之濟西王與魏王會宜
陽與韓王會新城二十四年與楚王會鄢正義曰鄢
於建反又音偃括地志云故偃城在襄州安養縣北三里古郾子之國又會穰秦取魏安
城地理志云安城縣。正義曰括地志云安城在豫州汝陽縣東南十七里至大梁燕趙
救之秦軍去魏冄免相二十五年拔趙二城與
韓王會新城與魏王會新明邑二十六年赦罪
人遷之穰侯冄復相二十七年錯攻楚赦罪人
遷之南陽正義曰南陽及上遷之穰皆今鄧州也白起攻趙取代光狼

城正義曰括地志云光狼故城在澤州高平縣西二十里又使司馬錯發隴西因
蜀攻楚黔中正義曰今黔府也拔之二十八年大良造白
起攻楚取鄢鄧正義曰鄢鄧二城並在襄州赦罪人遷之二十
九年大良造白起攻楚取郢爲南郡正義曰括地志云郢城在
荊州江陵縣東北六里楚平王築都之地也楚王走周君來王與楚王會
襄陵地理志河東有襄陵縣。正義曰括地志云襄陵在晉州臨汾縣東南三十五里土地十三州志云襄陵
晉大夫犨邑也白起爲武安君正義曰言能撫養軍士戰必剋得百姓安集故號武安故城在
潞州武安縣西南五十里七國時趙邑即趙奢救閼與處也三十年蜀守若伐取巫
郡正義曰華陽國志張若爲蜀中郡守括地志云巫郡在夔州東百里及江南爲黔中郡
正義曰括地志云黔中故城在辰州沅陵縣西二十里江南今黔府亦其地也三十一年白起

伐魏取兩城楚人反我江南正義曰黔中郡反歸楚三十二
年相穰侯攻魏至大梁破暴鳶斬首四萬鳶走
魏入三縣請和三十三年客卿胡傷攻魏卷地理
志河南有卷縣。正義曰卷音丘袁反括地志云故卷城在鄭州原武縣西北七里即衡雍也蔡陽長社
取之地理志潁川有長社縣。正義曰括地志云蔡陽今豫州上蔡水之陽古城在豫州北七十里長社故城
在許州長社縣西一里皆魏邑也擊芒卯華陽破之司馬彪曰華陽亭名在密縣。
索隱曰芒卯魏將譙周云孟卯也。正義曰括地志云故華城在鄭州管城縣南三十里國語云史伯對鄭桓公虢鄶十
邑華其一也華陽即此城也按是時韓趙聚兵於華陽攻秦即此矣斬首十五萬魏入南
陽以和徐廣曰河內脩武古曰南陽秦始皇更名河內屬魏地荊州之南陽郡本屬韓地。正義曰括地志
云懷獲嘉縣即古之南陽杜預云在晉州山南河北故曰南陽秦破芒卯軍斬首十五萬魏入南陽以和三十

四年秦與魏韓上庸地爲一郡南陽免臣遷居
之三十五年佐韓魏楚伐燕初置南陽郡正義曰今
鄧州也前已屬秦秦置南陽郡在漢水之北釋名云在中國之南而名陽地故以爲名焉張衡南都賦云陪京之南居漢
之陽三十六年客卿竈攻齊取剛壽正義曰括地志云故剛城在兗
州龔丘縣界壽鄆州之縣予穰侯三十八年中更胡傷攻趙閼
與孟康曰音焉與邑名在上黨涅縣西。正義曰閼於連反與音預閼與聚城一名烏蘇城在潞州銅鞮縣西北二十
里趙奢破秦軍處又儀州和順縣即古閼與城亦云趙奢破秦軍處然儀州與潞州相近二所未詳又閼與山在潞州武
安縣西南五十里趙奢拒秦軍於閼與即山北也按閼與山在武安故城西南又近武安故城蓋儀州是所封故地不
能取四十年悼太子死魏歸葬芷陽徐廣曰今霸陵。正義曰
括地志云芷陽在雍州藍田縣西六里三秦記云麗原東有霸川之西坂故芷陽也四十一年夏攻

魏取邢丘懷 徐廣曰邢丘在平皐駰案韓詩外傳武王伐紂到于邢丘勒兵於甯更名邢丘曰懷甯曰脩武。正義曰括地志云平皐故城本邢丘邑漢置平皐縣在懷州武德縣東南二十里故懷城周之懷邑在懷州武陟縣西十一里 四十二年安國君爲太子十月宣太后薨葬芷陽酈山 徐廣曰芊氏 正義曰酈力知反在雍州新豐縣南十四里也 九月穰侯出之陶四十三年武安君白起攻韓拔九城斬首五萬四十四年攻韓南郡取之四十五年五大夫賁 正義曰音奔五大夫官疑賁名也 攻韓取十城葉陽 一云華陽。正義葉車涉反 悝出之國未至而死四十七年秦攻韓上黨上黨降趙秦因攻趙趙發兵擊秦相距秦使武安君白起擊大破趙於長平四十餘萬盡

殺之四十八年十月韓獻垣雍 司馬彪曰河南卷縣有垣雍城 秦軍分爲三軍武安君歸王齕將伐趙武安皮牢拔之司馬梗北定太原盡有韓上黨正月兵罷復守上黨其十月五大夫陵攻趙邯鄲四十九年正月益發卒佐陵陵戰不善免王齕代將其十月將軍張唐攻魏爲蔡尉 正義曰爲于僞反蔡姓尉名 捐弗守還斬之五十年十月武安君白起有罪爲士伍遷陰密 如淳曰甞有爵而以罪奪爵皆稱士伍。正義曰括地志云陰密故城在涇州鶉觚縣西即古密須國也 張唐攻鄭拔之十二月益發卒軍汾城旁 正義曰括地志云臨汾故城在絳州正平縣東北二十五里即古臨汾縣城也按汾城即此城是也 武安君

白起有罪死𪗋攻邯鄲不拔去還奔汾軍二月餘攻晉軍斬首六千晉楚流死河二萬人徐廣曰楚一作走。正義曰按此時無楚軍走字是也攻汾城即從唐拔寧徐廣曰一作曼此趙邑也○正義曰唐今晉州平陽堯都也括地志云寧新中七国時魏邑秦昭襄王拔魏寧新中更名安陽城即今相州外城是也新中寧新中更名安陽徐廣曰魏郡有安陽縣。正義曰今相州外城古安陽城初作河橋正義曰此橋在同州臨晉縣東度河至蒲州今蒲津橋也五十一年將軍摎攻韓取陽城負黍正義曰今河南府縣也負黍亭在陽城縣西南三十五里本周邑亦時屬韓也斬首四萬攻趙取二十餘縣首虜九萬西周君正義曰武公背秦與諸侯約從將天下銳兵出伊闕攻秦令秦毋得通陽城於是秦使將軍摎攻西周西周君走來自歸頓首受罪盡獻其邑三十六城口三萬秦王受獻歸其君於周五十二年周民東亡其器九鼎入秦正義曰器謂寶器也禹貢金九牧鑄鼎於荊山下各象九州之物故言九鼎鼎歷殷至周赧王十九年秦昭王取九鼎其一飛入泗水餘八入於秦中周初云五十二年天下來賓魏後秦使摎伐魏取吳城徐廣曰在大陽。正義曰括地志云廣城故城在陝州河北縣東北五十里虞山之上亦名吳山周武王封弟虞仲於周之北故夏墟吳城即此城也韓王入朝魏委國聽令五十四年王郊見上帝於雍五十六年秋昭襄王卒子孝文王立索隱曰名柱五十三而立立一年卒葬壽陵子莊襄王尊唐八子為唐太后徐廣曰八子者妾媵之號姓唐。正義曰孝文王之母也先死故尊之晉灼云除皇后自昭儀以下

秩至百石凡十四等漢書外戚傳云八子視千石比中更而合其葬於先王正義曰以其母
唐太后與昭王合葬韓王衰絰入弔祠諸侯皆使其將相來
弔祠視喪事孝文王元年赦罪人修先王功臣
褒厚親戚弛苑囿孝文王除喪十月己亥即位
三日辛丑卒子莊襄王立索隱曰名子楚三十二而立立四年卒葬陽陵子始
皇帝莊襄王元年大赦罪人修先王功臣施德厚
骨肉而布惠於民東周君與諸侯謀秦秦使相
國呂不韋誅之盡入其國秦不絕其祀以陽人
地地理志河南梁縣有陽人聚賜周君奉其祭祀使蒙驁伐韓
韓獻成皋鞏正義曰括地志云洛州汜水縣古之虢國亦鄭之制邑又名虎牢漢之成皋鞏恭竦

反今洛州鞏縣爾時秦滅東周韓亦得其地又獻於秦秦界至大梁初置三川
郡韋昭曰有河洛伊故曰三川索隱地理志漢高祖更曰河南郡二年使蒙驁攻趙定
太原三年蒙驁攻魏高都汲徐廣曰一作波波縣亦在河內○正義曰
汲音急括地志云高都故城今澤州是汲故在衛州所理汲縣西南二十五里孟康云漢波縣今郗城是也括地志云故
郗城在懷州河內縣西三十二里左傳云蘇忿生七十二邑郗其一也拔之攻趙榆次新
城狼孟正義曰括地志云榆次并州縣即古榆次地也新城一名小平城在朔州善陽縣西南四十七里狼
孟故城在并州陽曲縣東北二十六里按取三十七城并代朔三州之地矣取三十七城四
月日食四年王齕攻上黨正義曰上黨又反秦故攻之初置太
原郡正義曰上黨以北皆太原地即上三十七城也魏將無忌率五國兵擊
秦正義曰信陵君也率燕趙韓楚魏之兵擊秦也秦卻於河外正義曰蒙驁被五國兵敗遂解

而却至於河外河外陝華二州也蒙驁敗解而去五月丙午莊襄王卒子政立是爲秦始皇帝索隱曰十三而立立三十七年崩葬酈邑子二世皇帝秦王政立二十六年初并天下爲三十六郡號爲始皇帝始皇帝五十一年而崩子胡亥立是爲二世皇帝索隱曰十二而立紀云二十一立三年葬宜春秦自襄公至二世凡六百一十七歲此實本紀而註別舉之以非本文耳三年諸侯並起叛秦趙高殺二世立子嬰子嬰立月餘諸侯誅之遂滅秦其語在始皇本紀中

太史公曰秦之先爲嬴姓其後分封以國爲姓有徐氏郯氏莒氏終黎氏徐廣曰世本作鍾離應劭曰氏姓註云有姓終黎者

是運奄氏菟裘氏將梁氏黃氏江氏脩魚氏白冥氏蜚廉氏秦氏然秦以其先造父封趙城爲趙氏

索隱述贊曰

栢翳佐舜　皂游是旌　蜚廉事紂
石椁斯營　造父善馭　封之趙城
非子息馬　厥號秦嬴　禮樂射御
西垂有聲　襄公救周　始命列國
金祠白帝　龍祚水德　祥應陳寶
妖除豐特　里奚致霸　衛鞅任刻

厥后吞并　卒成凶慝

史捌仟伍伯陸拾陸字

註壹萬玖伯壹拾貳字

秦本紀第五　史記五

秦始皇本紀第六　史記六

秦始皇帝者秦莊襄王子也索隱曰莊襄王者孝文王之中子昭襄王之孫也名子楚按戰國策本名子異後爲華陽夫人嗣夫人楚人因改名子楚也莊襄王爲秦質子於趙正義曰質音致國彊欲待弱之來相事故遣子及貴臣爲質質如上音國弱懼其侵伐令子及貴臣往爲質音直實反又二國敵亦爲交質音致左傳云周鄭交質王子狐爲質於鄭鄭公子忽爲質於周是也見呂不韋姬悅而取之索隱曰按不韋傳云不韋陽翟大賈也其姬邯鄲豪家女善歌舞有娠而獻於子楚生始皇以秦昭王四十八年正月生於邯鄲及生名爲政姓趙氏徐廣曰一作正宋忠云以正月旦生故名正○索隱曰系本作政又生於趙故曰趙政一曰秦與趙同祖以趙城爲榮故姓趙氏○正義曰正音政周正建子之正也始皇以正月旦生於趙因爲政後以始皇諱故音征年十三歲莊襄王死政代立爲

秦王當是之時秦地已并巴蜀漢中越宛有郢置南郡矣北收上郡以東有河東太原上黨郡東至滎陽滅二周置三川郡呂不韋爲相封十萬戶號曰文信侯招致賓客游士欲以并天下李斯爲舍人文穎曰主廄內小吏官名或曰侍從賓客謂之舍人也蒙驁王齮徐廣曰一作齕○索隱曰蒙驁齊人蒙武之父蒙恬之祖王齮即王騎昭王二十九年代大夫陵伐趙者○正義曰齮魚綺反劉伯莊云音綺後同麃公等爲將軍應劭曰麃秦邑○索隱曰麃公蓋麃邑公史失其姓名○正義曰麃彼苗反蓋秦之縣邑大夫稱公若楚制王年少初即位委國事大臣晉陽反

元年將軍蒙驁擊定之

二年麃公將卒攻卷正義曰將子匠反卒子必反卷丘員反斬首三萬

三年蒙驁攻韓取十三城王齮死十月將軍蒙驁攻魏氏暘有詭徐廣曰暘音場。索隱曰音暢魏之邑名歲大飢

四年拔暘有詭三月軍罷秦質子歸自趙趙太子出歸國十月庚寅蝗蟲從東方來蔽天天下疫百姓內粟千石拜爵一級

五年將軍驁攻魏定酸棗地理志陳留有酸棗縣。正義曰括地志云酸棗故城在滑州酸棗縣北十五里古酸棗縣南燕虛長平徐廣曰一作千騆案地理志汝南有長平縣也。索隱曰二邑名春秋桓十二年會于虛又戰國策曰拔燕酸棗虛桃人桃人亦魏邑虛地今闕蓋與諸縣相近按今東郡燕縣東三十里有故桃城則亦非遠。正義曰燕烏田反括地志云南燕城古燕國也滑州胙城縣是也姚虛在濮州雷澤縣東十三里孝經援神契云帝舜生於姚墟即東郡也長平故城在陳州宛丘縣西六十六里雍丘山陽城地理志陳留有雍丘縣河內有山陽縣。正義曰雍於用反汴州縣皆拔之取二十城初置東郡冬雷

六年韓魏趙衛楚共擊秦取壽陵正義曰徐廣云在常山按本趙邑也秦出兵五國兵罷拔衛迫東郡其君角率其支屬徙居野王阻其山以保魏之河內

七年彗星先出東方見北方五月見西方正義曰彗音似歲反見並音行練反孝經內記云彗出北斗兵大起彗在三台臣害君彗在太微君害臣彗在天獄諸侯作亂所指其處大惡彗在日旁子欲殺父將軍驁死以攻龍孤慶都徐廣曰慶一作麃。正義曰括地志云定州恒陽縣西南四十里有白龍水又有挾龍山又定州唐縣東北五十四里有孤山蓋都山也帝王紀云

望堯母慶都所居張晏云堯山在北堯母慶都山在南相去五十里北登堯山南望慶都山也注水經云望都故城東有
山不連陵名之曰孤孤都聲相近疑即都山孤山及望都故城三處相近還兵攻汲彗星復
見正義復扶富反見行見反西方十六日夏太后死索隱曰莊襄王所生母。
正義曰子楚母也
八年王弟長安君成蟜正義曰蟜音紀兆反成蟜者長安君名也號爲長安君
將軍擊趙反正義曰將如字將猶領也又子匠反死屯留正義曰括地志云屯留故
城在潞州長子縣東北三十里漢屯留吁國也軍吏皆斬死遷其民於臨洮
正義曰臨洮水故名臨洮洮州在隴右去京千五百五十一里言屯留之民被成蟜略衆共反故遷之於臨洮郡將
軍壁死正義曰壁邊覓反言成蟜自殺壁壘之內卒屯留蒲鶮反戮其
屍徐廣曰鶮一作鶮屯留蒲鶮皆地名也壁於此地時士卒死者皆戮其屍。索隱曰臨洮在隴西高誘云屯留上黨

之縣名謂成蟜爲將軍而反秦兵擊之而蟜壁於屯留而死屯留蒲鶮二邑之民反卒雖死猶皆戮其屍鶮古鶴字。正義
曰卒子忽反鶮音高注同蒲鶮皆地名河魚大上索隱曰謂河水溢魚大上平地亦言遭水害也即漢
書五行志劉向所謂豕蟲之孽明年嫪毐誅魚陰類小人象。正義曰始皇八年黃河之魚西上入渭渭水也漢書五行
志云魚者陰類臣民之象也十七年滅韓二十六年盡并天下自滅韓至并天下盡十年矣周本紀云十年數之紀也天
下之所棄不過其紀明關東後屬秦其象類先見也輕車重馬東就食徐廣曰一無此
重字。索隱曰言河魚大上秦人皆輕車重馬竝就食於東言往河旁食魚也一云河魚大上爲災人遂東就食皆輕車
重馬而去嫪毐正義上躬虬反下酷敀反封爲長信侯予之山陽地
正義曰予音與括地志云山陽故城在懷州修武縣西北太行山東南令毐居之索隱曰嫪姓毐字按
漢書嫪氏出邯鄲王劭云賈侍中說秦始皇母子嫪毐淫坐誅故世人罵淫曰嫪毐也宮室車馬衣
服苑囿馳獵恣毐事無小大皆決於毐又以河

西徐廣曰河一作汾太原郡更爲毐國
九年彗星見或竟天攻魏垣蒲陽正義垣作垣垣音袁括地志云
故垣城漢縣治本魏王垣也在絳州垣縣西北二十里蒲邑故城在隰州縣北四十五里在蒲水之北故言蒲陽即晋公
子重耳所居邑也四月上宿雍蔡邕曰上者尊位所在也裴駰云司馬迁記事當言帝則依違
但言上不敢媟言尊尊之意也己酉王冠帶劒徐廣曰年二十二。正義曰冠音灌礼記云年
二十而冠按年二十一也長信侯毐作亂而覺矯王御璽蔡邕曰御
者進也凡衣服加於身飲食入於口妃妾接於寢皆曰御
之親愛者曰幸璽者印信也天子璽白玉螭虎鈕古者尊卑
共之月令曰固封璽左傳曰季武子璽書追而与之此諸侯
大夫印稱璽也衛宏曰秦以前民皆以金玉爲印龍虎鈕唯
其所好秦以來天子獨以印稱璽又獨以玉羣臣莫敢用。
正義曰崔浩云李斯磨和璧作之漢諸帝世傳服之謂傳国
璽韋曜吴書云璽方四寸上勾交五龍文曰受命于天既壽
永昌漢書云文曰昊天之命皇帝壽昌按二文不同漢書元

后傳云王莽令王舜逼太后取璽王太后怒投地其角小缺
吴志云孫堅入洛掃除漢陵廟軍於甄官井得璽後歸魏晋
懷帝永嘉五年六月帝蒙塵平陽璽入前趙劉聰至東晋成
帝咸和四年石勒滅前趙得璽穆帝永和八年石勒爲慕容
俊滅濮陽太守戴施入鄴得璽使何融送晋傳宋宋傳南齐
南齐傳梁梁傳至天正二年侯景破梁至廣陵北齐将辛術
定廣陵得璽送北齐至周建德六年正月平北齐璽入周周傳隋隋傳唐也及太后璽以發
縣卒正義子忽反下同及衛卒官騎戎翟君公舍人將欲
攻蘄年宮爲亂地理志蘄年宮在雍。正義曰蘄巨衣反括地志云蘄年宮在岐州城西故城
内王知之令相國昌平君昌文君發卒攻毐索隱
曰昌平君楚之公子立以爲相後徙於郢項燕立爲荆王史失其名昌文君亦不知也戰咸陽正義曰括
地志云咸陽故城亦名渭城在雍州北五里今咸陽縣東十五里秦孝公已下並都此城始皇鑄金人十二於咸陽即此
也斬首數百皆拜爵及宦者皆在戰中亦拜爵

一級毒等敗走即令國中有生得毒賜錢百萬
殺之五十萬盡得毒等衛尉竭漢書百官表曰衛尉秦官內史
肆佐弋竭漢書百官表曰秦時少府有佐弋漢武帝改爲佽飛掌弋射者。正義弋音翊中大
夫令齊等正義曰令力政反中大夫令秦官也齊名也二十人皆梟首縣首
於木上曰梟。正義曰梟古堯反縣首於木上曰梟車裂以徇滅其宗正義曰説苑云秦始
皇太后不謹幸郎嫪毒始皇取毒四支車裂之取兩弟撲殺之取太后遷之咸陽宮下令曰以太后事諫者戮而殺之蒺
蔾其脊諫而死者二十七人茅焦乃上説曰齊客茅焦願以太后事諫皇帝曰走告若不見闕下積死人耶使者問焦焦
曰陛下車裂假父有嫉妬之心囊撲兩弟有不慈之名遷母咸陽有不孝之行蒺蔾諫士有桀紂之治天下聞之盡瓦解
無向秦者王乃自迎太后歸咸陽立茅焦爲傅又爵之上卿括地志云茅焦滄州人也及其舍人輕
者爲鬼薪應劭曰取薪給宗廟爲鬼薪也如淳曰律説鬼薪作三歲。正義曰言毒舍人罪重者已刑戮

輕者罰徙役三歲及奪爵遷蜀四千餘家家房陵正義曰括地志
云房陵即今房州房陵縣古楚漢中郡地也是巴蜀之境地理志云房陵縣屬漢中郡在益州部接東南一千三百一十
里也四月寒凍有死者正義曰四月建巳之月孟夏寒凍民有死者以秦法酷急則天應之
而史書之故尚書洪範云急常寒若孔注云君行急則常寒順之楊端和攻衍氏索隱曰端
和秦將衍氏魏邑。正義曰衍羊善反在鄭州彗星見西方又見北方從斗
以南八十日
十年徐廣曰甲子相國呂不韋坐嫪毒免桓齮爲將
軍齊趙來置酒齊人茅焦説秦王曰秦方以天
下爲事而大王有遷母太后之名恐諸侯聞之
由此倍秦也秦王乃迎太后於雍而入咸陽説苑

曰始皇帝立茅焦爲傅又爵之上卿太后大喜曰天下亢直使敗復成安秦社稷使妾母子復相見者茅君之力也復居甘泉宮徐廣曰表云咸陽南宮也大索逐客李斯上書說乃止逐客令李斯因說秦王請先取韓以恐他國於是使斯下韓韓王患之與韓非謀弱秦大梁人尉繚來說秦王曰以秦之彊諸侯譬如郡縣之君臣但恐諸侯合從翕而出不意此乃智伯夫差湣王之所以亡也願大王毋愛財物賂其豪臣以亂其謀不過亡三十萬金則諸侯可盡秦王從其計見尉繚亢禮衣服食飲與繚同繚曰秦王爲人蜂準徐廣曰蜂一作隆。正義曰蜂孚逢反準章允反蜂蠆也高鼻也文頴曰準鼻也長目摯鳥膺正義曰鷙鳥鶻鷹突向前其性悍勇豺聲少恩而虎狼心居約易出人下正義曰易以豉反言始皇居儉約之時易以謙卑得志亦輕食人正義曰言始皇得天下之志亦輕易而啖食於人我布衣然見我常身自下我誠使秦王得志於天下天下皆爲虜矣不可與久游乃亡去秦王覺固止以爲秦國尉正義曰若漢太尉大將軍之比也卒用其計策而李斯用事

十一年王翦桓齮楊端和攻鄴取九城王翦攻閼與橑楊徐廣曰橑音老在并州。正義曰漢表在清河十三州志云轑陽上黨西北百八十里也皆并爲一軍翦將十八日軍歸斗食以下漢書百官表曰百石

以下有斗食佐史之秩。正義曰一曰得斗粟爲料什推二人從軍索隱曰言王翦爲將軍中
皆歸斗食以下无功佐史什中惟擇二人令從軍耳取鄴安陽桓齮將
十二年文信侯不韋死竊葬索隱曰按不韋飲鴆死其賓客數千人竊
共葬於洛陽北芒山其舍人臨者晉人也逐出之正義曰臨力禁反臨哭也
若是三晉之人逐出令歸也秦人六百石以上奪爵遷正義曰上音時掌反
若是秦人哭臨者奪其官爵迁移於房陵五百石以下不臨遷勿奪爵正義
曰若是秦人不哭臨不韋者不奪官爵亦迁移於房陵自今以來操國事不道
如嫪毐不韋者籍其門視此徐廣曰門一作文。索隱曰謂籍没其一門皆
爲徒隷後並視此爲常。正義曰籍錄其子孫禁不得仕官秋復嫪毐舍人遷蜀
者當是之時天下大旱六月至八月乃雨
十三年桓齮攻趙平陽正義曰括地志云平陽故城在相州臨漳縣西二十五里
又云平陽戰國時屬韓後屬趙殺趙將扈輒正義曰扈音戶輒張獵反趙之將軍斬首
十萬王之河南正月彗星見東方十月桓齮攻
趙
十四年攻趙軍於平陽取宜安正義曰括地志云宜安故城在常州藁城
縣西南二十五里也破之殺其將軍桓齮定平陽武城正義曰即
貝州武成縣外城是也七國時趙邑韓非使秦秦用李斯謀留非非
死雲陽正義曰括地志云雲陽城在雍州雲陽縣西八十里秦始皇甘泉宮在焉韓王請爲
臣
十五年大興兵一軍至鄴一軍至太原取狼孟

地理志太原有狼孟縣地動

十六年九月發卒受地韓南陽假守正義曰假格雅反守音狩騰初令男子書年魏獻地於秦秦置麗邑正義曰麗力知反括地志云雍州新豐縣本周時驪戎邑左傳云晉獻公伐驪戎杜注云在京兆新豐縣其後秦滅之以為邑

十七年內史騰攻韓得韓王安盡納其地正義曰韓王安之九年秦盡滅之以其地為郡命曰潁川地動華陽太后卒民大飢

十八年徐廣曰巴郡出大人長二十五丈六尺大興兵攻趙王翦將上地正義曰上郡上縣今綏州等是也下井陘服虔曰山名在常山今為縣音刑端和將河內羌瘣伐趙端和圍邯鄲城

十九年王翦羌瘣正義胡罪反盡定取趙地東陽得趙王索隱曰趙王遷也○正義曰趙幽繆王遷八年秦取趙地至平陽平陽在貝州歷亭縣界遷王於房陵引兵欲攻燕屯中山秦王之邯鄲諸嘗與王生趙時母家有仇怨皆阬之秦王還從太原上郡歸始皇帝母太后崩趙公子嘉率其宗數百人之代自立為代王東與燕合兵軍上谷大飢

二十年燕太子丹患秦兵至國恐使荊軻刺秦王秦王覺之體解正義紅買反軻以徇而使王翦辛勝攻燕燕代發兵擊秦軍秦軍破燕易水之西

二十一年王賁正義音奔攻薊乃益發卒詣王翦軍

遂破燕太子軍取燕薊城得太子丹之首燕王東收遼東而王之（正義王于放反）王翦謝病老歸新鄭反昌平君徙於郢大雨雪（正義雨于遇反）深二尺五寸

二十二年王賁攻魏引河溝灌大梁大梁城壞其王請降（索隱曰魏王假也）盡取其地

二十三年秦王復召王翦彊起之使將擊荊（正義曰秦號楚爲荊以莊襄王名子楚諱之故言荊也）取陳以南至平輿（地理志汝南有平輿縣○正義曰輿音餘平輿豫州縣也楚淮北之地盡入於秦）虜荊王（索隱曰荊王負芻也楚稱荊者以避莊襄王諱故稱荊）秦王游至郢陳荊將項燕立昌平君爲荊王反秦於淮南（徐廣曰淮一作江○正義曰昌平也楚淮北之地盡入於秦）

二十四年王翦蒙武攻荊破荊軍昌平君死項燕遂自殺

二十五年大興兵使王賁將攻燕遼東得燕王喜（正義曰燕王喜之五十三年燕亡）還攻代虜代王嘉王翦遂定荊江南地（正義曰言王翦遂平定楚及江南地降越君置爲會稽郡）降越君（正義曰降閑江反楚威王已滅其餘自稱君長今降秦）置會稽郡五月天下大酺（服虔曰酺音蒲文頴曰酺周礼族師掌春秋祭酺爲人物災害之神蘇林曰陳留俗三月上巳水上飲食爲酺○正義曰天下歡樂大飲酒也秦既平韓趙魏燕楚五國故天下大酺也）

二十六年齊王建與其相后勝（正義音升齊相姓名）發兵守其西界不通秦秦使將軍王賁從燕南攻齊得

齊王建索隱曰六國皆滅也十七年得韓王安十九年得趙王遷二十二年魏王假降二十二年虜荊王負
芻二十五年得燕王喜二十六年得齊王建。正義曰齊王建之三十四年齊國亡秦初并天下
令丞正義曰令力政反乃今之赦令赦書相御史曰異日韓王納地
效璽正義曰效猶至見請為藩臣已而倍約與趙魏合
從畔秦故興兵誅之虜其王寡人以為善庶幾
息兵革趙王使其相李牧來約盟故歸其質子
正義曰質音致已而倍盟反我太原故興兵誅之得其王
趙公子嘉乃自立為代王故舉兵擊滅之魏王
始約服入秦已而與韓趙謀襲秦秦兵吏誅遂
破之荊王獻青陽以西漢書鄒陽傳曰越水長沙還舟青陽張晏曰青陽地名蘇

林曰青陽長沙縣是也已而畔約擊我南郡故發兵誅得其
王遂定其荊地燕王昏亂其太子丹乃陰令荊
軻為賊兵吏誅滅其國齊王用后勝計絕秦使
欲為亂兵吏誅虜其王平齊地寡人以眇眇之
身興兵誅暴亂賴宗廟之靈六王咸伏其辜天
下大定今名號不更無以稱成功傳後世其議
帝號丞相綰御史大夫劫漢書百官表曰御史大夫秦官應劭曰侍御史之率
故稱大夫也○索隱曰綰姓王劫姓馮廷尉斯等漢書百官表曰廷尉秦官應劭曰聽獄必質諸朝廷
與衆共之兵獄同制故稱廷尉皆曰昔者五帝地方千里其外侯
服夷服諸侯或朝或否天子不能制今陛下蔡邕

曰陛階也所由升堂也天子必有近臣立於陛側以戒不虞謂之陛下者羣臣與天子言不敢指斥故呼在陛下者與之言因卑達尊之意也上書亦如之興義兵誅殘賊平定天下海內爲郡縣正義曰郡人所羣聚也法令由一統自上古以來未嘗有五帝所不及臣等謹與博士議曰漢書百官表曰博士秦官掌通古今古有天皇有地皇有泰皇索隱曰按天皇地皇之下即云泰皇當人皇也而封禪書云昔者太帝使素女鼓瑟而悲蓋三皇已前稱泰皇一云泰皇太昊也泰皇最貴臣等昧死上尊號王爲泰皇命爲制令爲詔蔡邕曰制書帝者制度之命也其文曰制詔詔書詔告。正義曰令音力政反制詔三代無文秦始有之天子自稱曰朕蔡邕曰朕我也古者上下共稱之貴賤不嫌則可以同號之義也皐陶與舜言朕言惠可底行屈原曰朕皇考至秦然後天子獨以爲稱漢因而不改王曰去泰正義曰去音丘呂反著皇

采上古帝位號號曰皇帝他如議制曰可蔡邕曰羣臣有所奏請尚書令奏之下有司曰制天子荅之曰可追尊莊襄王爲太上皇漢高祖尊父曰太上皇亦放此也制曰朕聞太古有號毋謚中古有號死而以行爲謚如此則子議父臣議君也甚無謂朕弗取焉自今已來除謚法謚法周公所作朕爲始皇帝後世以計數正義色主反二世三世至于萬世傳之無窮始皇推終始五德之傳鄭玄曰音亭傳。索隱曰音張戀反傳次也謂五行之德始終相次也漢書郊祀志曰齊人鄒子之徒論著終始五德之運始皇采用以爲周得火德秦代周德從所不勝正義曰勝申證反秦以周爲火德能滅火者水也故稱從其所不勝於秦方今水德之始索隱曰封禪書曰秦文公獲黑龍以爲水瑞秦皇因

自謂爲水德也改年始朝賀〔正義曰周以建子之月爲正秦以建亥之月爲正故其年始用十月而朝賀〕皆自十月朔衣服旄旌節旗〔正義曰旌音精旄音毛旗音其周禮云析羽爲旌熊虎爲旗旄節者編毛爲之以象竹節漢書云蘇武執節在匈奴牧羊節毛盡落是也韋昭云節者山國用人節澤國用龍節皆以金爲之道路以旌節門關用符節都鄙用管節皆用竹爲之〕皆上黑〔正義曰以水德屬北方故上黑〕數以六爲紀符法冠皆六寸而輿六尺六尺爲步乘六馬〔張晏曰水北方黑終數六故以六寸爲符六尺爲步瓚曰水數六故以六爲名譙周曰步以人足爲數非獨秦制然○索隱曰管子司馬法皆云六尺爲步譙周以爲步以人足非獨秦制又按禮記王制曰古者八尺爲步今以周尺六尺四寸爲步步之尺數亦不同〕更名河曰德水以爲水德之始剛毅戾深事皆決於法刻削毋仁恩和義然後合五德之數〔索隱曰水主陰陰刑殺故急法刻削以合五德之數〕於是急法久者不赦丞相綰等言諸侯初破燕齊荊地遠不爲〔正義于僞反〕置王毋以填之請立諸子唯上幸許始皇下其議於羣臣羣臣皆以爲便廷尉李斯議曰周文武所封子弟同姓甚衆然後屬疏遠相攻擊如仇讎諸侯更相誅伐周天子弗能禁止今海內賴陛下神靈一統皆爲郡縣諸子功臣以公賦稅重賞賜之甚足易制天下無異意〔正義易音以職反〕則安寧之術也置諸侯不便始皇曰天下共苦戰鬬不休以有侯王賴宗廟天下初定又復立國是樹兵也而求其寧息豈不

難哉廷尉議是分天下以爲三十六郡三十六郡者三川河東南陽南郡九江鄣郡會稽潁川碭郡泗水薛郡東郡琅邪齊郡上谷漁陽右北平遼西遼東代郡鉅鹿邯鄲上黨太原雲中九原鴈門上郡隴西北地漢中巴郡蜀郡黔中長沙凡三十五與內史爲三十六郡。正義曰風俗通云周制天子方千里分爲百縣縣有四郡故左傳云上大夫受縣下大夫受郡秦始皇初置三十六郡以監縣也郡置守尉監漢書百官表曰秦郡守掌治其郡有丞尉掌佐守典武職甲卒監御史掌監郡更名民曰黔首應劭曰黔亦黎黑也大酺收天下兵應劭曰古者以銅爲兵聚之咸陽銷以爲鍾鐻徐廣曰音巨金人十二重各千石正義曰漢書五行志云二十六年有大人長五丈足履六尺皆夷狄服凡十二人見于臨洮故銷兵器鑄而象之謝承後漢書云銅人翁仲其名也三輔舊事云聚天下兵器鑄銅人十二各重二十四萬斤漢世在長樂宮門魏志董卓傳云椎破銅人十及鍾鐻以鑄小錢關中記云董卓壞銅人餘二枚徙清門裏魏明帝欲將詣洛載到霸城重不可致後石季龍徙之

鄴符堅又徙入長安而銷之英雄記云昔大人見臨洮而銅人鑄至董卓而銅人毀也置廷宮中一法度衡石丈尺車同軌書同文字地東至海暨朝鮮正義曰暨其記反朝音潮鮮音仙海謂勃海南至揚蘇台等州之東海也暨及也東北朝鮮國括地志云高驪治平壤城本漢樂浪郡王險城即古朝鮮也西至臨洮羌中正義曰洮吐高反括地志云臨洮郡即今洮州亦古西羌之地在京西千五百五十一里羌中從臨洮西南芳州扶松府以西並古諸羌地也南至北嚮戶吳都賦曰開北戶以向日劉逵曰日南之北戶猶日北之南戶也北據河爲塞並陰山至遼東地理志西河有陰山縣。正義曰塞先代反並白浪反謂靈夏勝等州之北黃河陰山在朔州北塞外從河傍陰山東至遼東築長城爲北界徙天下豪富於咸陽十二萬戶諸廟及章臺上林皆在渭南秦每破諸侯寫放其宮室作之咸陽北阪上徐廣曰在長安西北

漢武時別名渭城。正義曰今咸陽縣北阪上南臨渭自雍門徐廣曰在高陵縣。正義曰今
岐州雍縣東以東至涇渭殿屋複道周閣相屬正義曰複音福
屬之欲反廟記云北至九嵕甘泉南至長楊五柞東至河西至汧渭之交東西八百里離宮別館相望屬也木衣綈繡土
被朱紫宮人不徙窮年忘歸猶不能遍也所得諸侯美人鍾鼓以充入之
正義曰三輔舊事云始皇表河以為秦東門表汧以為秦西門表中外殿觀百四十五後宮列女萬餘人氣上衝于天
二十七年始皇巡隴西正義曰隴西今隴右北地正義曰今寧州也出
雞頭山正義曰括地志云雞頭山在成州上祿縣東北二十里在京西南九百六十里酈元云蓋大隴山異
名也後漢書隗囂傳云王孟塞雞頭即此也按原州高縣西百里亦有笄頭山在京西北八百里黃帝雞山之所過
回中焉應劭曰回中在安定高平孟康曰回中在北地。正義曰括地志云回中宮在雍州西四十里言始
皇欲西巡隴西之北從咸陽向西北出寧州西南行至成州出雞頭山東還過岐州回中宮作信宮渭

南巳更命信宮為極廟象天極索隱曰為宮廟象天極故曰極廟天
官書曰中宮曰天極是也自極廟道通酈山作甘泉前殿築甬
道應劭曰築垣牆如街巷。正義曰築音竹甬音勇應劭云謂於馳道外築牆天子於中行外人不見自咸
陽屬之是歲賜爵一級治馳道應劭曰馳道天子道也道若今之中
道然漢書賈山傳曰秦為馳道於天下東窮燕齊南極吳楚江湖之上濱海之觀畢至道廣五十步三丈而樹厚築其外
隱以金椎樹以青松
二十八年始皇東行郡縣上鄒嶧山韋昭曰鄒魯縣山在其北
。正義曰上時掌反鄒側留反嶧音亦國系云邾嶧山亦名鄒山在兗州鄒縣南二十二里魯穆公改邾作鄒其山遂從
邑變山北去黃河三百餘里立石與魯諸儒生議刻石頌秦德
議封禪正義曰晉太康地記云為壇於太山以祭天示增高也為墠於梁父以祭地示增廣也祭尚玄酒而俎

魚單皆廣長十二丈壇高三尺階三等而樹石太山之上高二丈一尺廣三尺秦之刻石云文望祭山川
之事乃遂上泰山正義曰太山一曰岱宗東嶽也在兗州博城縣西北三十里山海經云泰
山其上多玉其下多石郭璞云從泰山下至山頭百四十八里三百步道書福地記云泰山高四千九百丈二尺周迴二
千里多芝草玉石長津甘泉仙人室又有地獄六曰鬼神之府從西上下有洞天周迴三千里鬼神考讁之府立石
封祠祀服虔曰增天之高歸功於天張晏曰天高不可及於泰山上立封禪而祭之冀近神靈也瓚曰積土
爲封謂負土於泰山上爲壇而祭之下風雨暴至休於樹下因封其樹
爲五大夫正義封作復音福禪梁父服虔曰禪闡廣土地也瓚曰古者聖王封泰山禪亭
亭或梁父皆太山下小山除地爲墠祭於梁父後改墠曰禪。正義曰父音甫在兗州泗水縣北八十里刻所
立石其辭曰皇帝臨位作制明法臣下脩飭索隱
曰此泰山刻石銘其詞每三句爲韻凡十二韻下之罘碣石會稽三銘皆然。正義飭音敕二十有六

年初幷天下罔不賓服親巡遠方黎民登茲泰
山周覽東極從臣思迹正義從財用反本原事業祗誦
功德正義祗音脂治道運行諸產得宜皆有法式大義
休明垂于後世順承勿革皇帝躬聖既平天下
不懈於治夙興夜寐建設長利正義長直良反專隆教
誨訓經宣達遠近畢理咸承聖志貴賤分明男
女禮順慎遵職事昭隔內外徐廣曰隔一作融靡不清淨
施于後嗣化及無窮遵奉遺詔永承重戒於是
乃並勃海以東正義並白浪反勃作渤蒲忽反過黃腄地理志東萊有黃縣腄縣
。正義曰腄逐瑞反字或作陲括地志云黃縣故城在萊州黃縣東南二十五里古萊子國也牟平縣城在黃縣南百三

十里十三州志云牟平縣古腄縣也窮成山登之罘地理志之罘山在腄縣○正義曰罘音浮括地志云在萊州文登縣東北百八十里成山在文登縣西北百九十里窮猶登極也封禪書云八神五曰陽主祠之罘七日日主祠成山成山斗入海又云之罘山在海中文登縣古腄縣也立石頌秦德焉而去南登琅邪正義曰今兗州東沂州密州即古琅耶也大樂之留三月乃徙黔首三萬戶琅邪臺下地理志云越王勾踐嘗治琅邪縣起臺館○索隱曰山海經郎耶臺在勃海間蓋海畔有山形如臺在琅邪故曰郎耶臺○正義曰括地志云密州諸城縣東南百七十里有琅耶臺越王勾踐觀臺也臺西北十里有琅耶故吳春秋云越王勾踐二十五年徙都琅耶立觀臺以望東海遂號令秦晉齊楚以尊輔周室歃血盟即勾踐起臺處括地志云琅耶山在密州諸城縣東南百四十里始皇立層臺於山上謂之琅耶臺孤立衆山之上秦王樂之留三月立石山上頌秦德也復十二歲正義曰復音福復三萬戶徙臺下者今琅耶臺作琅邪臺立石刻頌秦德明德意曰索隱曰二句爲韻維二十六年皇帝作始端平法度萬物之紀以明人事合同父子聖智仁義顯白道理東撫東土以省卒士正義省山井反卒子忽反事已大畢乃臨于海皇帝之功勤勞本事上農除末黔首是富普天之下摶心揖志索隱曰摶古專字左傳云如琴瑟之摶壹揖音集器械一量正義曰內成曰器甲胄兜鍪之屬外成曰械戈矛弓戟之屬壹量者同度量同書文字日月所照舟輿所載皆終其命莫不得意應時動事是維皇帝匡飭異俗陵水經地正義陵作夌夌猶歷也經界也憂恤黔首朝夕不懈除疑定法咸知所辟正義音避方伯分職諸治經易正義曰易音以豉反言方伯分職治所理常在平易舉錯必當

莫不如畫正義曰畫音戶卦反謂政理齊整分明若畫無邪惡皇帝之明臨察
四方尊卑貴賤不踰次行正義音胡郎反姦邪不容皆務
貞良細大盡力莫敢怠荒遠邇辟隱正義辟匹亦反專
務肅莊端直敦忠事業有常皇帝之德存定四
極誅亂除害興利致福節事以時諸產繁殖黔
首安寧不用兵革正義協韻音棘六親相保終無寇賊驩
欣奉教盡知法式六合之內皇帝之土西涉流
沙正義解見夏紀南盡北戶東有東海北過大夏索隱曰協韻音戶下
無不臣者音諸澤及牛馬音姥○正義曰杜預云大夏太原晉陽縣按在今并州遷實沉於大夏主參即此也人迹
所至無不臣者功蓋五帝澤及牛馬莫不受德

各安其宇維秦王兼有天下立名為皇帝乃撫
東土至于琅邪列侯張晏曰列侯者見序例武城侯王離列
侯通武侯王賁倫侯建索隱曰爵卑於列侯無封邑者倫類也亦列侯之類成
侯趙亥倫侯昌武侯成倫侯武信侯馮毋擇丞
相隗林索隱曰隗姓林名有本作狀者非顏之推云隋開皇初京師穿地得鑄秤權有銘云始皇時量器丞
相隗狀王綰二人列名其作狀貌之字時令校寫親所按驗王劭亦云然斯遠古之證也○正義曰隗音五罪反丞
相王綰卿李斯卿王戊五大夫趙嬰五大夫楊
樛正義音居虯反從與正義曰上才用反下預言王離以下十人從始皇咸與始皇議功德於海上立石於
琅耶臺下十人名字並刻頌議於海上正義曰此頌前後序兩句為韻此三句為韻曰古
之帝者地不過千里正義曰過音戈千里謂王畿諸侯各守其

封域或朝或否相侵暴亂殘伐不止猶刻金石
以自爲紀古之五帝三王知教不同法度不明
假威鬼神正義曰言五帝三王假借鬼神之威以欺服遠方之民若萇弘之比也以欺遠
方實不稱名正義稱尺證反故不久長其身未歿諸侯倍
叛法令不行今皇帝并一海內以爲郡縣天下
和平昭明宗廟體道行德尊號大成羣臣相與
誦皇帝功德刻于金石以爲表經既已齊人徐
市等上書言海中有三神山名曰蓬萊方丈瀛
洲正義曰漢書郊祀志云此三神山者其傳在渤海中去人不遠蓋曾有至者諸仙人及不死之藥皆在焉其物禽獸
盡白而黃金白銀爲宮闕未至望之如雲及至三神山乃居水下臨之患且至風輒引船而去終莫能至云世主莫不甘

心焉僊人居之請得齋戒與童男女求之於是遣
徐市發童男女數千人入海求僊人正義曰括地志云亶洲在
東海中秦始皇使徐福將童男女入海求仙人止在一作王此洲其數萬家至今洲上人有至會稽市易者吳人外國圖云
亶州去琅耶萬里始皇還過彭城正義曰彭城徐州所理縣也州東外城古之彭國也搜神
記云陸終弟三子曰籛鏗封於彭爲商伯外傳云殷末滅彭祖氏齋戒禱祠欲出周鼎
泗水使千人沒水求之弗得乃西南渡淮水之
衡山正義曰括地志云衡山一名岣嶁山在衡州湘潭縣西四十一里岣音苟嶁音樓南郡正義曰今
荊州也言欲向衡山即西北過南郡入武關至咸陽浮江至湘山祠正義曰括地志云黃陵廟
在岳州湘陰縣北五十七里舜二妃之神二妃冢在湘陰北一百六十里青草山上盛弘之荊州記云青草湖南有青草
山湖因山名焉列女傳云舜陟方死於蒼梧二妃死於江湘之間因葬焉按湘山者乃青草山山近湘水廟在山南故言

湘山祠逢大風幾不得渡上問博士曰湘君何神博
士對曰聞之堯女舜之妻而葬此索隱曰列女傳亦以湘君爲堯女按楚詞九歌有湘君湘夫人夫人是堯女則湘君當是舜今此文以湘君爲堯女是總而言之於是始
皇大怒使刑徒三千人皆伐湘山樹赭其山正義赭音者
上自南郡由武關歸應劭曰武關秦南關通南陽文穎曰武關在析西百七十里弘農界。正義曰括地志云故武關在商州商洛縣東九十里春秋時少習也杜預云習商縣武關也
二十九年始皇東游至陽武博狼沙中地理志河南陽武縣有博狼沙。正義狼音浪爲盜所驚求弗得乃令天下大索十
日登之罘刻石其辭曰索隱曰三句爲韻維二十九年時
在中春正義曰中音仲古者帝王巡狩常以仲月陽和方起皇帝東游巡

登之罘臨照于海從臣嘉觀正義從才用反觀音琯原念休
烈追誦本始大聖作治建定法度顯著綱紀外
教諸侯光施文惠明以義理六國回辟正義必亦反貪
戾無厭正義於廉反虐殺不已皇帝哀衆遂發討師奮
揚武德義誅信行威燀旁達徐廣曰燀充善反莫不賓服
烹滅彊暴振救黔首周定四極普施明法經緯
天下永爲儀則大矣哉宇縣之中宇宇宙縣赤縣承順
聖意索隱曰協韻音憶羣臣誦功請刻于石表垂于常式
其東觀曰維二十九年皇帝春游覽省遠方逮
于海隅遂登之罘昭臨朝陽觀望廣麗從臣咸

念原道至明聖法初興清理疆內外誅暴彊武威旁暢振動四極禽滅六王闡并天下菑害絕息永偃戎兵皇帝明德經理宇內視聽不怠索隱曰怠協旗疑韻怠音銅綦反故國語范蠡曰得時不怠時不再來亦以怠與臺為韻作立大義昭設備器咸有章旗職臣遵分各知所行事無嫌疑黔首改化遠邇同度臨古絕尤常職既定後嗣循業長承聖治羣臣嘉德祗誦聖烈請刻之罘旋遂之琅邪道上黨入索隱曰道猶從也

三十年無事

三十一年十二月更名臘曰嘉平太原眞人茅盈內紀曰始皇三十一年九月庚子盈曾祖父濛乃於華山之中乘雲駕龍白日升天先是其邑謠歌曰神仙得者茅初成駕龍上升入泰清時下玄洲戲赤城繼世而往在我盈帝若學之臘嘉平始皇聞謠歌而問其故父老具對此仙人之謠歌勸帝求長生之術於是始皇欣然乃有尋仙之志因改臘曰嘉平。索隱曰廣雅曰夏曰清祀殷曰嘉平周曰大蜡亦曰臘秦更曰嘉平蓋應歌謠之詞而改從殷號也道書茅濛字初成今此云茅濛初成者為神仙之道其意失也蓋由裴氏所引不明或後人增益濛字遂令七言之詞有衍爾徐廣曰使黔首自實田也賜黔首里六石米二羊始皇為微行咸陽張晏曰若微賤之所為故曰微行也與武士四人俱夜出逢盜蘭池地理志渭城縣有蘭池宮。正義曰括地志云蘭池陂即古之蘭池在咸陽縣界秦記云始皇都長安引渭水為池築為蓬瀛刻石為鯨長二百丈逢盜之處也見窘武士擊殺盜關中大索二十日米石千六百

三十二年始皇之碣石使燕人盧生求羡門韋昭

曰古仙人高誓正義曰亦古仙人刻碣石門徐廣曰一作盟壞城郭決通
隄防其辭曰正義曰此一頌三句爲韻遂興師旅誅戮無道爲
逆滅息武殄暴逆文復無罪徐廣曰復一作優。正義曰復音福言秦以武
力能殄息暴逆以文訓道令無罪失故復除之庶心咸服惠論功勞賞及牛
馬恩肥土域皇帝奮威德并諸侯初一泰平墮
壞城郭正義曰墮音許規反壞音怪墮毀也壞坼也言始皇毀坼關東諸侯舊城郭也夫自頹曰壞音戶怪
反決通川防夷去險阻地勢既定黎庶無繇正義
音遙天下咸撫男樂其疇女修其業事各有序惠
被諸產久並來田徐廣曰久一作分莫不安所羣臣誦烈
請刻此石垂著儀矩因使韓終侯公石生求仙
人不死之藥始皇巡北邊從上郡入燕人盧生
使正義音所吏反入海還以鬼神事因奏錄圖書曰亡秦
者胡也鄭玄曰胡胡亥秦二世名也秦見圖書不知此爲人名反備北胡始皇乃使將
軍蒙恬發兵三十萬人北擊胡略取河南地正義
曰今靈夏勝等州秦略取之
三十三年發諸嘗逋亡人贅壻瓚曰贅謂居窮有子使就其婦家爲
贅壻賈人略取陸梁地正義曰嶺南之人多處山陸其性強梁故曰陸梁爲桂
林韋昭曰今鬱林是也。索隱曰謂南方之人其性陸梁故曰陸梁象郡韋昭曰今日南南海
正義曰即廣州南海縣以適遣戍徐廣曰五十萬人守五嶺。正義曰適音直革反戍守也廣州記云
五嶺者大庾始安臨賀揭楊桂陽輿地志云一曰臺嶺亦名塞上今名大庾二曰騎田三曰都龍四曰萌諸五曰越嶺

西北斥逐匈奴自榆中 徐廣曰在金城 並河以東 服虔曰並音傍傍依也 屬之陰山 徐廣曰在五原北。正義曰屬之欲廣按五原今勝州也 以爲三十四縣城河上爲塞又使蒙恬渡河取高闕 正義曰山名在五原北兩山相對若闕甚高故言高闕 陶山北假中 晉灼曰王莽傳云五原北假膏壤殖穀北假地名也。索隱曰高闕山名北假地名近五原。正義曰酈元注水經云黃河逕河目縣故城西縣在北假中北假地名按河目縣屬勝州名河北漢書地理志云屬五原縣 築亭障以逐戎人徙謫實之初縣 索隱曰徙有罪而謫之以實初縣即上自榆中屬陰山以爲三十四縣是也故漢七科謫亦因於秦 禁不得祠明星出西方 徐廣曰皇甫謐云彗星見 三十四年適治獄吏不直者築長城及南越地 正義曰謂戍五嶺是南方越地 始皇置酒咸陽宮博士七十人前爲壽僕射 正義音夜 周青臣 漢書百官表曰僕射秦官古者重武官有主射以督課之應劭曰僕主也 進頌曰他時秦地不過千里賴陛下神靈明聖平定海內放逐蠻夷日月所照莫不賓服以諸侯爲郡縣人人自安樂無戰爭之患傳之萬世自上古不及陛下威德始皇悅博士齊人淳于越進曰臣聞殷周之王千餘歲封子弟功臣自爲枝輔今陛下有海內而子弟爲匹夫卒有田常六卿之臣無輔拂 正義蒲筆反 何以相救哉事不師古而能長久者非所聞也今青臣又面諛以重陛下之過非忠臣始皇下其議丞相李斯曰五帝不相復三代不相襲各以治非其相反時變異也今陛下創大業建萬世之功固非愚儒所知且越言乃三代之事何足法也異時諸侯並爭厚招游學今天下已定法令出一百姓當家則力農工士則學習法令辟禁（正義令力性反辟音避）今諸生不師今而學古以非當世惑亂黔首丞相臣斯昧死言古者天下散亂莫之能一是以諸侯並作語皆道古以害今飾虛言以亂實人善其所私學（徐廣曰私一作知）以非上之所建立今皇帝并有天下別黑白而定一尊私學而相與非

法教人聞令下則各以其學議之入則心非出則巷議夸主（正義夸口瓜反）以爲名異取以爲高率羣下以造謗如此弗禁則主勢降乎上黨與成乎下禁之便臣請史官非秦記皆燒之非博士官所職天下敢有藏詩書百家語者悉詣守尉雜燒之有敢偶語詩書弃市（應劭曰禁民聚語畏其謗己。正義曰偶對也）以古非今者族吏見知不舉者與同罪令下三十日不燒黥爲城旦（如淳曰律說論決爲髡鉗輸邊築長城晝日伺寇虜夜暮築長城城旦四歲也）所不去者醫藥卜筮種樹之書若欲有學法令（徐廣曰一無法令二字）以吏爲師制曰可三十五年除道道九原（地理志五原郡有九原縣）抵雲陽（徐廣、曰表云道九原通甘泉）塹山堙谷直通之於是始皇以為咸陽人多先王之宮廷小吾聞周文王都豐武王都鎬豐鎬之閒帝王之都也乃營作朝宮渭南上林苑中先作前殿阿房（正義曰房白郎反括地志云秦阿房宮亦曰阿城在雍州長安縣西北一十四里按宮在上林苑中雍州郭城西南面即阿房宮城東面也顏師古云阿近也以其去咸陽近且號阿房）東西五百步南北五十丈上可以坐萬人下可以建五丈旗（索隱曰此以其形名宮也言其宮四阿旁廣也故云下可建五丈之旗也阿房後為宮名○正義曰三輔舊事云阿房宮東西三里南北五百步庭中可受萬人又鑄銅人十二於宮前阿房宮以慈石為門阿房宮之北闕門也）周馳為閣道自殿下直抵南山表南山之顛以為闕為復道自阿房渡渭屬之咸陽以象天極閣道絕漢抵營室也（索隱曰謂為複道渡渭屬咸陽象天文閣道絕漢抵營室也天官書曰天極紫宮後十七星絕漢抵營室曰閣道）阿房宮未、成成欲更擇令名名之作宮阿房故天下謂之阿房宮隱宮（正義曰餘刑見於市朝宮刑一百日隱於蔭室養之乃可故曰隱宮下蠶室是）徒刑者七十餘萬人乃分作阿房宮或作麗山發北山石槨乃寫蜀荊地材皆至關中計宮三百關外四百餘於是立石東海上朐界中以為秦東門因徙三萬家麗邑（正義麗音離）五萬家雲陽皆復不、事十歲盧生說始皇曰臣等、求芝奇藥仙者常弗遇類物有害之者方中人主時爲微行以辟惡鬼惡鬼辟眞人至人主所居而人臣知之則害於神眞人者入水不濡入火不爇（正義而說反）陵雲氣與天地久長今上治天下未能恬惔願上所居宮毋令人知然後不死之藥殆可得也於是始皇曰吾慕眞人自謂眞人不稱朕乃令咸陽之旁二百里內宮觀二百七十復道甬道相連帷帳鍾鼓美人充之各案署不移徙行所幸有言其處者罪死始皇帝幸梁山宮（徐廣曰在好畤○正義曰括地志云俗名望宮山在雍州好畤縣西十二里北去梁山九里秦始皇起從山上見丞相車騎衆弗善即此山也）從山

上見丞相車騎衆弗善也中人或告丞相丞相後損車騎始皇怒曰此中人泄吾語案問莫服當是時詔捕諸時在旁者皆殺之自是後莫知行之所在聽事羣臣受決事悉於咸陽宮侯生（說苑曰韓客侯生也）盧生相與謀曰始皇爲人天性剛戾自用起諸侯并天下意得欲從以爲自古莫及已專任獄吏獄吏得親幸博士雖七十人特備員弗用丞相諸大臣皆受成事倚辦於上上樂以刑殺爲威（正義樂五孝反）天下畏罪持祿莫敢盡忠上不聞過而日驕下懾伏謾欺以取容秦法不得兼

方徐廣曰一云并力。正義曰言秦施法不得兼方者令民之有方伎不得兼兩齊試不驗輒賜死言法酷不驗
輒死然候星氣者至三百人皆良士畏忌諱諛
不敢端言其過天下之事無小大皆決於上上
至以衡石量書石百二十斤。正義曰衡秤衡也言表牋奏請秤取一石日夜有程期不滿不休息
日夜有呈不中呈正義中竹仲反不得休息貪於權勢
至如此未可為求仙藥於是乃亡去始皇聞亡
乃大怒曰吾前收天下書不中用者盡去之悉
召文學方術士甚眾欲以興太平方士欲練以
求奇藥徐廣曰一云欲以練求今聞韓眾正義音終去不報徐市
等費以巨萬計終不得藥徒姦利相告日聞徐廣

曰一作間盧生等吾尊賜之甚厚今乃誹謗我以重
吾不德也諸生在咸陽者吾使人廉問或為訞
言以亂黔首於是使御史悉案問諸生諸生傳
相告引乃自除犯禁者四百六十餘人皆阬之
咸陽使天下知之以懲後益發謫徙邊徐廣曰表云徙
於北河榆中耐徙三處拜爵一級始皇長子扶蘇諫曰天下初定
遠方黔首未集諸生皆誦法孔子今上皆重法
繩之臣恐天下不安唯上察之始皇怒使扶蘇
北監蒙恬於上郡正義曰括地志云上郡故城在綏州上縣東南五十里秦之上郡城也
三十六年熒惑守心有墜星下東郡至地為石

徐廣曰表云石晝隕黔首或刻其石曰始皇帝死而地分始皇聞之遣御史逐問莫服盡取石旁居人誅之因燔銷其石始皇不樂使博士爲仙眞人詩及行所游天下傳令正義曰傳逐戀反令力呈反樂人謌弦之秋使者從關東夜過華陰平舒道正義曰括地志云平舒故城在華州華陰縣西北六里水經注云渭水又東經平舒北城枕渭濵半破淪水南面通瀾昔秦之將亡也江神返璧於華陰平舒道即其處也有人持璧遮使者曰爲吾遺滈池君服虔曰水神也張晏曰武王居鎬鎬池君則武王也武王伐商故神云始皇荒淫若紂矣今亦可伐也孟康曰長安西南有滈池。索隱曰按服虔云水神是也江神以璧遺滈池之神告始皇之將終也且秦水德王故其君將亡水神先自相告也。正義曰遺庾季反滈湖老反括地志云滈水源出雍州長安縣西北滈池酈元注水經云滈水承滈池北流入渭今按滈池水流入來通渠蓋酈元誤矣張晏云武王居滈滈池君則武王也伐商故神云始皇荒淫若紂矣今武王可伐矣因言曰今年祖龍死蘇林曰祖始也龍人君象謂始皇也服虔曰龍人之先象也言王亦人之先也應劭曰祖人之先龍君之象使者問其故因忽不見置其璧去使者奉璧具以聞始皇默然良久曰山鬼固不過知一歲事也退言曰祖龍者人之先也使御府視璧乃二十八年行渡江所沈璧也於是始皇卜之卦得游徙吉遷北河榆中三萬家正義曰謂北河勝州也榆中即今勝州榆林縣也言徙三萬家以應卜卦游徙吉也拜爵一級

三十七年十月癸丑始皇出游左丞相斯從右丞相去疾守少子胡亥愛慕請從上許之十一

月行至雲夢望祀虞舜於九疑山正義曰括地志云九疑山在永州唐興縣東南一百里皇覽冢墓記云舜冢在零陵郡營浦縣九疑山言始皇至雲夢望祭虞舜於九疑山也浮江下觀籍柯渡海渚正義曰括地志云舒州周安縣東按舒州在江中疑海字誤即此州也過丹陽正義曰括地志云丹陽郡故在潤州江寧縣東南五里秦兼并天下以爲鄣郡也至錢唐正義曰錢唐今杭州縣臨浙江晉灼曰江水至會稽山陰爲浙江音折水波惡乃西百二十里從狹中渡徐廣曰蓋在餘杭也顧夷曰餘杭者秦始皇至會稽經此立爲縣上會稽祭大禹正義曰上音上掌反越州會稽山上有夏禹穴及廟望于南海而立石刻頌秦德索隱曰三句爲韻凡二十四韻其文曰正義曰此二頌三句爲韻其碑見在會稽山上其文及書皆李斯其字四寸畫如小指圓鐫今文字整頓是小篆字皇帝休烈平一宇內德惠脩長索隱曰脩亦長也重文耳王劭按張徽所錄會稽南山秦

始皇碑文脩作攸三十有七年親巡天下周覽遠方遂登會稽宣省習俗黔首齋莊羣臣誦功本原事迹追首高明索隱曰今檢會稽刻石文首字作道雅符人情也秦聖臨國始定刑名顯陳舊章正義作彰音章碑文作畫章也初平法式審別職任以立恒常六王專倍貪戾慠猛率衆自彊正義曰碑文作率衆邦強暴虐恣行正義寒彭反負力而驕數動甲兵正義數音朔陰通間使正義曰間紀莧反又如字使所吏反以事合從正義合音閤從子容反行爲辟方正義行下孟反辟疋亦反内飾詐謀索隱曰刻石文謀作計外來侵邊遂起禍殃義威誅之殄熄徐廣曰音息○正義殄田典反暴悖正義暴白報反悖音背亂賊滅亡聖德廣密六合之中

被澤無疆皇帝幷宇兼聽萬事遠近畢清運理
羣物考驗事實各載其名貴賤並通善否陳前
靡有隱情飾省宣義徐廣曰省一作非。正義曰飾音式省山景反飾謂文飾也省過也
有子而嫁正義曰謂夫死有子棄之而嫁倍死不貞防隔內外禁
止淫泆男女絜誠夫爲寄豭索隱曰豭牡猪也言夫淫他室若寄豭之猪也豭音加
殺之無罪男秉義程妻爲逃嫁正義曰謂棄夫而逃嫁於人
子不得母正義曰言妻棄夫逃嫁子乃失母咸化廉清大治濯俗天
下承風蒙被休經皆遵度軌和安敦勉莫不順
令正義力呈反黔首脩潔人樂同則正義樂音岳嘉保太平
後敬奉法常治無極輿舟不傾從臣誦烈正義曰從

音才用反烈美也所隨巡從諸臣咸誦美請刻此石請刻此石光垂休銘還過
吳從江乘渡地理志丹陽有江乘縣。正義曰乘音時升反江乘故縣在潤州句容縣北六十里本秦舊縣也渡渭京兆也
並海上北至琅邪方士徐市等入海求
神藥數歲不得費多恐譴乃詐曰蓬萊藥可得
然常爲大鮫魚所苦正義鮫音交苦音若故反故不得至願請
善射與俱見則以連弩射之始皇夢與海神戰
如人狀問占夢博士曰水神不可見以大魚蛟
龍爲候今上禱祠備謹而有此惡神當除去而
善神可致乃令入海者齎捕巨魚具而自以連
弩候大魚出射之自琅邪北至榮成山正義曰即山也在萊

州
弗見至之罘見巨魚射殺一魚遂並海西至
平原津而病徐廣曰渡河而西○正義曰今德州平原縣南六十里有張公故城城東有水津焉後名張公渡恐此平原郡古津也漢書公孫弘平津侯亦近此蓋平津即此津始皇渡此津而疾始皇惡言
死羣臣莫敢言死事上病益甚乃爲璽書賜公
子扶蘇曰與喪會咸陽而葬書已封在中車府
令趙高伏儼曰主乘輿路車行符璽事所未授使者七月丙
寅始皇崩於沙丘平臺徐廣曰年五十沙丘去長安二千餘里趙有沙丘宮在鉅鹿武靈王之死處○正義曰括地志云沙丘臺在邢州平鄉縣東北二十里又云平鄉縣東北四十里按始皇崩在沙丘之宮平臺之中邢州去京一千六百五十里
丞相斯爲上崩在外正義爲于僞反恐
諸公子及天下有變乃祕之不發喪棺載轀涼

車中正義棺音館又古患反故幸宦者參乘所至上食百官
奏事如故宦者輒從轀涼車中可其奏事獨子
胡亥趙高及所幸宦者五六人知上死趙高故
嘗教胡亥書及獄律令法事胡亥私幸之高乃
與公子胡亥丞相斯陰謀破去始皇所封書正義去丘呂反
賜公子扶蘇者而更詐爲丞相斯受始皇
遺詔沙丘立子胡亥爲太子更爲書賜公子扶
蘇蒙恬數以罪正義數音色具反其賜死語具在李斯傳
中行遂從井陘徐廣曰在常山抵九原正義曰抵丁禮反抵至也從沙丘至勝州三千里
會暑上轀車臭乃詔從官令車載一石鮑魚

正義鮑白交反以亂其臭行從直道至咸陽發喪太子胡
亥襲位為二世皇帝九月葬始皇酈山始皇初
即位穿治酈山及并天下天下徒送詣七十餘
萬人穿三泉下銅徐廣曰一作錮錮鑄塞。正義曰顏師古云三重之泉言至水也而
致椁宮觀百官奇器珍怪徙臧滿之正義曰言冢內作宮觀及
百官位次奇器珍怪徙滿冢中臧才浪反令匠作機弩矢有所穿近者輒
射之以水銀為百川江河大海機相灌輸正義灌音
館輸音戍上具天文下具地理以人魚膏為燭徐廣曰人
魚似鮎四脚。正義曰廣志云鯢魚聲如小兒啼有四足形如鱧可以治牛出伊水異物志云人魚似人形長尺餘不堪
食皮利於鮫魚鋸材木入項上有小穿氣從中出秦始皇冢中以人魚膏為燭即此魚也出東海中今台州有之按今帝

王用漆燈冢中則火不滅度不滅者久之正義度音田洛反二世曰先帝
後宮非有子者出焉不宜皆令從死死者甚衆
葬既已下或言工匠為機藏皆知之藏重即泄
大事畢已藏閉中羨正義曰音延下同謂冢中神道下外羨門盡
閉工匠臧者無復出者樹草木以象山皇覽曰墳高五十餘
丈周迴五里餘。正義曰關中記云始皇陵在驪山泉本北流障使東西流有土無石取大石於渭山諸山括地志云秦
始皇陵在雍州新豐縣西南十里
二世皇帝元年年二十一徐廣曰表云十月戊寅大赦罪人趙高為
郎中令漢書百官表曰秦官掌宮殿門戶任用事二世下詔增始皇
寢廟犧牲及山川百祀之禮令羣臣議尊始皇

廟羣臣皆頓首言曰古者天子七廟諸侯五大夫三雖萬世世不軼毀（正義軼徒結反）今始皇爲極廟四海之內皆獻貢職增犧牲禮咸備毋以加先王廟或在西雍（正義曰於用反西雍在咸陽西今岐州雍縣故城是也又一云西雍雍西縣也）或在咸陽天子儀當獨奉酌祠始皇廟自襄公已下軼毀所置凡七廟羣臣以禮進祠以尊始皇廟爲帝者祖廟皇帝復自稱朕二世與趙高謀曰朕年少初即位黔首未集附先帝巡行郡縣以示彊威服海內今晏然不巡行即見弱毋以臣畜天下春二世東行郡縣李斯從到碣石並海南至會稽而盡刻始皇所立刻石石旁著（正義丁略反）大臣從者名以章先帝成功盛德焉皇帝曰金石刻盡始皇帝所爲也今襲號而金石刻辭不稱（正義尺證反）始皇帝其於久遠也（正義曰二世言始滅六國威振古今自五帝三王未及既已襲位而見金石盡刻其頌不稱始皇成功盛德甚遠矣）如後嗣爲之者不稱成功盛德丞相臣斯臣去疾（徐廣曰姓馮。正義去兵呂反）御史大夫臣德昧死言臣請具刻詔書刻石因明白矣臣昧死請制曰可遂至遼東而還於是二世乃遵用趙高申法令乃陰與趙高謀曰大臣不服官吏尚彊及諸公子必與我爭爲之柰何高曰臣固願言而未敢也先帝之大臣皆天下累世名貴人也積功勞世以相傳久矣今高素小賤陛下幸稱舉令在上位管中事大臣鞅鞅特以貌從臣其心實不服今上出不因此時案郡縣守尉有罪者誅之上以振威天下下以除去上生平所不可者今時不師文而決於武力願陛下遂從時毋疑即羣臣不及謀明主收舉餘民賤者貴之貧者富之遠者近之則上下集而國安矣二世曰善乃行誅大臣及諸公子以罪過連逮少近官三郎索隱曰逮訓及也謂連及俱被捕故云連逮少小也

近近侍之臣三郎謂中郎外郎散郎○正義曰漢書百官表云有議郎中郎散郎又有左右三將謂郎中車郎戶郎無得立者而六公子戮死於杜公子將閭昆弟三人囚於內宮議其罪獨後二世使使令將閭曰公子不臣罪當死吏致法焉將閭曰闕廷之禮吾未嘗敢不從賓贊也廊廟之位吾未嘗敢失節也受命應對吾未嘗敢失辭也何謂不臣願聞罪而死使者曰臣不得與謀奉書從事將閭乃仰天大呼天者三曰天乎吾無罪昆弟三人皆流涕拔劍自殺宗室振恐羣臣諫者以為誹謗大吏持祿取容黔首振恐四月二世還至咸

陽曰先帝爲咸陽朝廷小故營阿房宮爲室堂
未就會上崩罷其作者復土正義曰謂出土爲陵既成還復其土故言復土
酈山酈山事大畢今釋阿房宮弗就則是章先
帝舉事過也復作阿房宮外撫四夷如始皇計
盡徵其材士正義曰謂材官蹶張之士五萬人爲屯衛咸陽令
教射狗馬禽獸當食者多正義曰謂材士及狗馬度不足下
調正義度田洛反下行嫁反調田吊反謂下令調斂也郡縣轉輸菽粟芻槀皆
令自齎糧食咸陽三百里内不得食其穀用法
益刻深七月戍卒陳勝正義音升等反故荊地爲張
楚李奇曰張大楚國也勝自立爲楚王居陳遣諸將徇地山

東郡縣少年苦秦吏皆殺其守尉令丞反以應
陳涉相立爲侯王合從西鄉名爲伐秦不可勝
數也謁者漢書百官表曰謁者秦官掌賓贊受事使東方來以反者聞
二世二世怒下吏後使者至上問對曰羣盜郡
守尉方逐捕今盡得不足憂上悅武臣自立爲
趙王魏咎爲魏王田儋服虔曰音負擔爲齊王沛公起沛
項梁舉兵會稽郡
二年冬陳涉所遣周章等將西至戲應劭曰戲弘農湖西界孟康曰水名今戲亭是也蘇林曰邑名在新豐東南三十里。正義曰戲音許宜反括地志云戲水源出雍州新豐縣西南驪山水經注云戲水出驪山馮公谷東北流今新豐縣東北十一里戲水當官道即至處兵數十萬二世大驚與羣臣謀曰柰何少府章邯曰漢書百官表曰少府秦官應劭曰掌山澤陂池之稅名曰禁錢以給私養自別爲藏少者小也故稱少府。正義胡甘反盜已至衆彊今發近縣不及矣酈山徒多請赦之授兵以擊之二世乃大赦天下使章邯將擊破周章軍而走遂殺章曹陽晉灼曰亭名在弘農東十三里魏武帝改曰好陽。正義曰括地志云曹陽故亭一名好陽亭在陝州桃林縣東南十四里即章邯殺周章處二世益遣長史司馬欣董翳佐章邯擊盜殺陳勝城父正義曰父音甫括地志云城父亳州所理縣破項梁定陶正義曰今曹州定陶縣滅魏咎臨濟正義曰今齊州縣楚地盜名將已死章邯乃北渡河擊趙王歇等於鉅鹿正義曰括地志云邢州平鄉縣城本鉅鹿離閭趙王歇即此城趙高說二世曰先帝臨制天下久故羣臣不敢爲非進邪說今陛下富於春秋初即位柰何與公卿廷決事事即有誤示羣臣短也天子稱朕固不聞聲索隱曰言天子常處禁中臣下屬望纔有兆朕耳不見其形也於是二世常居禁中蔡邕曰禁中者門戶有禁非侍御者不得入故曰禁中與高決諸事其後公卿希得朝見盜賊益多而關中卒發東擊盜者毋已右丞相去疾左丞相斯將軍馮劫進諫曰關東羣盜並起秦發兵誅擊所殺亡甚衆然猶不止盜多皆以戍漕轉作事苦賦稅大也請且止阿房宮作者減省正義上色反四邊戍轉二世曰吾聞之

韓子曰堯舜采椽不刮索隱曰采木名刮音栝茅茨不翦飯
土塯徐廣曰呂靜曰飯器謂之䈪。索隱曰如字一音鏤不作簋啜土形如淳曰土形飯器之屬瓦
器也。索隱曰飯器以瓦爲之雖監門之養正義以讓反不𣪊於此索隱曰謂
監門之卒養即卒也有廝養卒𣪊音學謂盡也又古學反。正義曰又苦角反爾雅云𣪊盡也言堯舜采椽不刮茅茨不
翦飯土塯啜土形雖監守門之人供養亦不盡此之疏陋也禹鑿龍門通大夏正義
曰括地志云大夏今并州晉陽及汾絳等州是昔高辛氏子實沈居之西近河言禹鑿龍門河水道得大通并州之地不
壅塞也決河亭水正義曰亭平也又一云決亭壅之水放之海身自持築
臿正義曰臿音初洽反築牆杵也臿鍬也爾雅云鍬謂之臿脛毋毛臣虜之勞不烈
於此矣正義曰烈美也言臣虜之勞猶不美於此矣又烈酷也禹鑿龍門通大夏道決黃河供水放之海身
持鍬杵使䏶脛無毛賤臣奴虜之勤勞不酷烈於此辛苦矣凡所爲貴有天下者

得肆意極欲主重正義直拱反明法下不敢爲非以制
御海內矣夫虞夏之主貴爲天子親處窮苦之
實以徇百姓尚何於法朕尊萬乘毋其實吾欲
造千乘之駕萬乘之屬充吾號名且先帝起諸
侯兼天下天下已定外攘四夷以安邊境正義音竟
作宮室以章得意而君觀先帝功業有緒今朕
即位二年之間羣盜並起君不能禁又欲罷先
帝之所爲是上毋以報先帝次不爲朕盡忠力
正義爲于僞反何以在位下去疾斯劫吏案責他罪去疾
劫曰將相不辱自殺斯卒囚正義曰卒子律反囚在由反謂禁錮也就

五刑

三年章邯等將其卒圍鉅鹿楚上將軍項羽將楚卒往救鉅鹿冬趙高爲丞相竟案李斯殺之夏章邯等戰數却二世使人讓邯邯恐使長史欣請事趙高弗見又弗信欣恐亡去高使人捕追不及欣見邯曰趙高用事於中將軍有功亦誅無功亦誅項羽急擊秦軍虜王離邯等遂以兵降諸侯八月己亥（徐廣曰一作卯）趙高欲爲亂恐羣臣不聽乃先設驗持鹿獻於二世曰馬也二世笑曰丞相誤邪謂鹿爲馬問左右左右或默或言馬以阿順趙高或言鹿者高因陰中諸言鹿者以法後羣臣皆畏高高前數言關東盜毋能爲也及項羽虜秦將王離等鉅鹿下而前章邯等軍數却上書請益助燕趙齊楚韓魏皆立爲王自關以東大氐（正義曰丁禮反氐猶畧）盡畔秦吏應諸侯諸侯咸率其衆西鄉沛公將數萬人已屠武關使人私於高高恐二世怒誅及其身乃謝病不朝見二世夢白虎齧其左驂馬殺之心不樂怪問占夢卜曰涇水爲祟（正義雖遂反）二世乃齋於望夷宮張晏曰望夷宮在長陵西北長平觀道東故亭處是也臨涇水作之以望北夷○正義曰括地志云秦望夷宮在雍州咸

陽縣東南八里張晏云臨涇水作之望北夷欲祠涇沈四白馬使使責讓
高以盜賊事高懼乃陰與其壻咸陽令閻樂其
弟趙成謀曰上不聽諫今事急欲歸禍於吾宗
吾欲易置上更立公子嬰子嬰仁儉百姓皆載
其言使郎中令爲內應徐廣曰一云郎中令趙成詐爲有大賊
令樂召吏發卒追劫樂母置高舍遣樂將吏卒
千餘人至望夷宮殿門縛衛令僕射曰賊入此
何不止衛令曰周廬設卒甚謹西京賦曰徼道外周千廬內傳辥綜
曰士傳宮外向爲廬舍晝則巡行非常夜則警備不虞安得賊敢入宮樂遂斬
衛令直將吏入行射郎宦者大驚或走或格格

者輒死死者數十人郎中令與樂俱入射上幄
坐幃二世怒召左右左右皆惶擾不鬬旁有宦
者一人侍不敢去二世入內謂曰公何不蚤告
我乃至於此宦者曰臣不敢言故得全使臣蚤
言皆已誅安得至今閻樂前即二世數曰足下
驕恣蔡邕曰羣臣士庶相與言曰殿下閣下足下侍者執事皆謙類誅殺無道天下
共畔足下足下其自爲計二世曰丞相可得見
否樂曰不可二世曰吾願得一郡爲王弗許又
曰願爲萬戶侯弗許曰願與妻子爲黔首比諸
公子閻樂曰臣受命於丞相爲天下誅足下足

下雖多言臣不敢報麾其兵進二世自殺閻樂歸報趙高趙高乃悉召諸大臣公子告以誅二世之狀曰秦故王國始皇君天下故稱帝今六國復自立秦地益小乃以空名爲帝不可宜爲王如故便立二世之兄子公子嬰爲秦王以黔首葬二世杜南宜春苑中令子嬰齋當廟見受王璽齋五日子嬰與其子二人謀曰丞相高殺二世望夷宮恐羣臣誅之乃詳以義立我我聞趙高乃與楚約滅秦宗室而王關中今使我齋見廟此欲因廟中殺我我稱病不行丞相必自

來來則殺之高使人請子嬰數輩子嬰不行高果自往曰宗廟重事王柰何不行子嬰遂刺殺高於齋宮三族高家以徇咸陽子嬰爲秦王四十六日楚將沛公破秦軍入武關遂至霸上（應劭曰霸水上地名在長安東三十里古者滋水秦穆公更名霸水）使人約降子嬰子嬰即係頸以組白馬素車（應劭曰組者天子韍也係頸者言欲自殺也素車白馬喪人之服也）奉天子璽符降軹道旁（徐廣曰在霸陵駰案蘇林曰亭名在長安東十三里）沛公遂入咸陽封宮室府庫還軍霸上居月餘諸侯兵至項籍爲從長（索隱曰謂合關東爲從長也）殺子嬰及秦諸公子宗族遂屠咸陽燒其宮室虜其子女收

其珍寶貨財諸侯共分之滅秦之後各分其地爲三名曰雍王塞王翟王號曰三秦項羽為西楚霸王主命分天下王諸侯秦竟滅矣後五年天下定於漢

太史公曰秦之先伯翳嘗有勲於唐虞之際受土賜姓及殷夏之間微散至周之衰秦興邑于西垂自繆公以來稍蠶食諸侯竟成始皇始皇自以爲功過五帝地廣三王而羞與之侔善哉乎賈生推言之也曰秦并兼諸侯山東三十餘郡繕津關據險塞修甲兵而守之然陳涉以戍卒散亂之衆數百奮臂大呼不用弓戟之兵鉏櫌白挺（徐廣曰櫌田器音憂。索隱曰徐以櫌爲田器非也孟康以櫌爲鋤柄蓋得其近也）望屋而食（索隱曰言其兵蠶食天下不裹粮而行）横行天下（索隱曰謂輕前敵不部伍旅進也舞陽侯曰横行匈奴中也）秦人阻險不守關梁不闔長戟不刺彊弩不射楚師深入戰於鴻門曾無藩籬之艱於是山東大擾諸侯並起豪俊相立（鶡冠子曰德萬人者謂之俊德千人者謂之豪德百人者謂之英。索隱曰謂武臣田儋魏豹之屬）秦使章邯將而東征章邯因以三軍之衆要市於外（索隱曰此評失也章邯之降由趙高用事不信任軍將一則恐誅二則楚兵既盛王離見虜乃遂降耳非三軍要市於外以求封明矣）以謀其上君臣之不信可見於此矣子嬰立遂不寤藉使子嬰有庸主之材僅得中佐山東雖亂秦之地可全而有宗廟之祀未當絕也秦地被山帶河以爲固四塞之國也自繆公以來至於秦王二十餘君常爲諸侯雄豈世世賢哉其勢居然也且天下嘗同心并力而攻秦矣當此之世賢智並列良將行其師賢相通其謀然困於阻險而不能進秦乃延入戰而爲之開關百萬之徒逃北而遂壞豈勇力智慧不足哉形不利勢不便也秦小邑并大城徐廣曰大一作小守險塞而軍高壘毋戰閉關據阸荷戟而守之諸侯起於匹夫以

三百七十

利合非有素王之行也其交未親其下未附名爲亡秦其實利之也彼見秦阻之難犯也必退師安土息民以待其敝索隱曰賈誼書安作案收弱扶罷以令大國之君不患不得意於海內貴爲天子富有天下而身爲禽者其救敗非也秦王足已不問遂過而不變二世受之因而不改暴虐以重禍子嬰孤立無親危弱無輔三主惑而終身不悟亡不亦宜乎當此時也世非無深慮知化之士也然所以不敢盡忠拂過者秦俗多忌諱之禁忠言未卒於口而身爲戮沒矣故使天下之

士傾耳而聽重足而立拑口而不言是以三主失道忠臣不敢諫智士不敢謀天下已亂姦不上聞豈不哀哉先王知雍蔽之傷國也故置公卿大夫士以飾法設刑而天下治其彊也禁暴誅亂而天下服其弱也五伯征而諸侯從其削也內守外附而社稷存故秦之盛也繁法嚴刑而天下振及其衰也百姓怨望而海內畔矣故周五索隱曰賈誼書五作王序得其道而千餘歲不絕秦本末並失故不長久由此觀之安危之統相去遠矣野諺曰前事之不忘後事之師也是以君子

爲國觀之上古驗之當世參以人事察盛衰之理審權勢之宜去就有序變化有時故曠日長久而社稷安矣秦孝公據殽函之固擁雍州之地君臣固守而窺周室有席卷天下索隱曰按春秋緯曰諸侯氷散席卷也包舉宇內囊括四海之意張晏曰括結囊也言其能包含天下○索隱註同并吞八荒之心當是時商君佐之索隱曰商君衛公孫鞅仕秦爲左庶長遂爲秦制法孝公致霸封之於商號商君內立法度務耕織修守戰之備外連衡而鬬諸侯索隱曰戰國策曰蘇秦亦爲秦連衡高誘曰合關東從道之秦故曰連衡也於是秦人拱手而取西河之外孝公既沒惠王武王蒙故業因遺冊南兼漢中西舉

巴蜀東割膏腴之地收要害之郡諸侯恐懼會盟而謀弱秦不愛珍器重寶肥美之地以致天下之士合從締交漢書音義曰締結也相與為一當是時齊有孟嘗趙有平原楚有春申魏有信陵此四君者皆明知而忠信寬厚而愛人尊賢重士約從離衡索隱曰言孟嘗等四君皆為其國共相約結為從以離散秦之橫并韓魏燕楚齊趙宋衛中山之眾於是六國之士索隱曰六國者韓魏趙燕楚齊是也與秦為七雄又六國與宋衛中山為九國其三國蓋微又前亡有甯越徐尚蘇秦杜赫之屬為之謀徐廣曰越一作經或自別有此人不必甯越也○索隱曰甯越趙人賈誼作甯越徐尚未詳蘇秦東周洛陽人呂氏春秋杜赫以安天下說周昭文君高誘曰杜赫周人也齊明周最

陳軫昭滑樓緩翟景蘇厲樂毅之徒通其意索隱曰戰國策齊明東周臣後仕秦楚及韓周最周之公子亦仕秦陳軫夏人亦仕秦昭滑楚人樓緩魏文侯之弟所謂樓子也蘇厲蘇秦之弟仕齊樂毅本齊臣入燕燕昭王以客禮待之以為亞卿翟景未詳也吳起孫臏帶佗兒良王廖田忌廉頗趙奢之朋制其兵索隱曰吳起衛人事魏文侯為將孫臏孫武之後也春秋曰王廖貴先兒良貴後二人皆天下之豪士田忌齊將也廉頗趙奢皆趙之將也常以十倍之地百萬之眾叩關而攻秦秦人開關延敵九國之師逡巡遁逃而不敢進秦無亡矢遺鏃之費而天下諸侯已困矣於是從散約解爭割地而奉秦秦有餘力而制其敝追亡逐北伏尸百萬流血漂鹵徐廣曰鹵楯也因利乘便宰

割天下分裂河山彊國請服弱國入朝延及孝文王莊襄王享國日淺國家無事及至秦王續六世之餘烈張晏曰孝公惠文王武王昭王孝文王莊襄王振長策而御宇內吞二周而亡諸侯履至尊而制六合執捶拊徐廣曰拊拍也音府一作槁朴○索隱曰賈本論作槁朴以鞭笞天下威振四海南取百越之地韋昭曰越有百邑以爲桂林象郡百越之君俛首係頸委命下吏乃使蒙恬北築長城而守藩籬卻匈奴七百餘里胡人不敢南下而牧馬士不敢彎弓而報怨於是廢先王之道焚百家之言以愚黔首隳名城應劭曰壞堅城恐人復阻以害己也殺豪

俊收天下之兵聚之咸陽銷鋒鑄鐻以爲金人十二以弱黔首之民然後斬華爲城徐廣曰斬一作踐駰案服虔曰斷華山爲城○索隱曰踐亦出賈本論又崔浩云踐登也因河爲津據億丈之城臨不測之谿以爲固良將勁弩守要害之處信臣精卒陳利兵而誰何如淳曰何猶問也○索隱曰崔浩云何或爲呵漢舊儀宿衛郎官分五夜誰呵呵夜行者誰也何呵字同天下以定秦王之心自以爲關中之固金城千里索隱曰金城言其寶且堅也韓子曰雖有金城湯池漢書張良亦曰關中所謂金城千里天府之國子孫帝王萬世之業也秦王既沒餘威振於殊俗陳涉甕牖繩樞之子服虔曰以繩係戶樞也孟康曰瓦甕二爲窗也甿隸之人如淳曰甿古氓字氓民也而遷徙之徒才能

不及中人非有仲尼墨翟之賢陶朱猗頓之富躡足行伍之閒而倔起什伯之中 漢書音義曰首出十長百長之中如淳曰時皆辟屈在十百之中 率罷散之卒將數百之衆而轉攻秦斬木為兵揭竿為旗天下雲集嚮應贏糧而景從山東豪俊遂並起而亡秦族矣且夫天下非小弱也雍州之地殽函之固自若也 韋昭曰殽謂二殽函函谷關也 陳涉之位非尊於齊楚燕趙韓魏宋衛中山之君鉏櫌棘矜 服虔曰以鉏柄及棘作矛槿也如淳曰櫌椎塊椎也 非銛於句戟長鎩也 徐廣曰銛一作銛駰案如淳曰長刃矛也又曰矛刃下有鐵橫方上曲勾鎩音所拜反 適戍之衆非抗於九國之師深謀遠慮行軍用

兵之道非及鄉時之士也然而成敗異變功業相反也試使山東之國與陳涉度長絜大 漢書音義曰絜東之絜 比權量力則不可同年而語矣然秦以區區之地千乘之權招八州而朝同列百有餘年矣然後以六合為家殽函為宮一夫作難而七廟墮身死人手為天下笑者何也仁義不施而攻守之勢異也秦并海內兼諸侯南面稱帝 徐廣曰一本有此篇無前者秦孝公已下而又以秦并兼諸侯山東三十餘郡繼此末也○索隱曰按賈誼過秦論以孝公已下為上篇秦兼并諸侯山東三十餘郡為下篇鄒誕生云太史公刪賈誼過秦篇著此論富其義而省其辭褚先生增續既已混殽而世俗小智不唯刪省之旨合為本論於此不同也今頗亦不可分別 以養四海天下

之士斐然鄉風若是者何也曰近古之無王者久矣周室卑微五霸既歿令不行於天下是以諸侯力政彊侵弱衆暴寡兵革不休士民罷敝今秦南面而王天下是上有天子也既元元之民冀得安其性命莫不虛心而仰上當此之時守威定功安危之本在於此矣秦王懷貪鄙之心行自奮之智不信功臣不親士民廢王道立私權禁文書而酷刑法先詐力而後仁義以暴虐爲天下始夫并兼者高詐力安定者貴順權此言取與守不同術也秦離戰國而王天下其

道不易其政不改是其所以取之守之者異也孤獨而有之故其亡可立而待借使秦王計上世之事并殷周之迹以制御其政後雖有淫驕之主而未有傾危之患也故三王之建天下名號顯美功業長久今秦二世立天下莫不引領而觀其政夫寒者利裋褐（徐廣曰一作短小襦也音豎○索隱曰趙岐曰褐以毛毳織之若馬衣或以褐編衣也裋一音豎蓋謂褐布豎裁爲勞役之衣短而且狹故謂之短褐亦曰豎褐）而飢者甘糟糠天下之嗷嗷新主之資也此言勞民之易爲仁也鄉使二世有庸主之行而任忠賢臣主一心而憂海內之患縞素而正先帝之過

裂地分民以封功臣之後建國立君以禮天下虛囹圄而免刑戮除去收帑汙穢之罪使各反其鄉里發倉廩散財幣以振孤獨窮困之士輕賦少事以佐百姓之急約法省刑以持其後使天下之人皆得自新更節修行各慎其身塞萬民之望而以威德與天下天下集矣即四海之內皆讙然各自安樂其處唯恐有變雖有狡猾之民無離上之心則不軌之臣無以飾其智而暴亂之姦止矣二世不行此術而重之以無道壞宗廟與民徐廣曰一無此上五字更始作阿房宮繁刑嚴

誅吏治刻深賞罰不當賦斂無度天下多事吏弗能紀百姓困窮而主弗收恤然後姦偽並起而上下相遁蒙罪者衆刑戮相望於道而天下苦之自君卿以下至于衆庶人懷自危之心親處窮苦之實咸不安其位故易動也是以陳涉不用湯武之賢不藉公侯之尊奮臂於大澤而天下響應者其民危也故先王見始終之變知存亡之機是以牧民之道務在安之而已天下雖有逆行之臣必無響應之助矣故曰安民可與行義而危民易與爲非此之謂也貴爲天子

富有天下身不免於戮殺者正傾非也是二世之過也襄公立享國十二年初爲西畤葬西垂索隱曰此已下重序列秦之先君立年及葬處皆當據秦紀爲説與正史小有不同今取異説重列於後襄公秦仲孫莊公子救周周始命爲諸侯初爲西畤祠白帝立十三年葬西土生文公文公立居西垂宮五十年死葬西垂索隱曰作鄜畤又作陳寶祠生靜公靜公不饗國而死生憲公憲公享國十二年居西新邑死葬衙地理志馮翊有衙縣。索隱曰憲公滅蕩社居新邑葬衙本紀憲公徙居平陽葬西山生武公德公出子出子饗國六年居西陵索隱曰一云居西陂葬衙葬衙本紀不云庶長弗忌威累參父三人率賊賊出子鄙衍葬衙武公立武公饗國二十年居平陽封宮

徐廣曰一云居平封宮葬宣陽聚東南索隱曰紀云葬平陽初以人從死三庶長伏其罪德公立德公享國二年居雍大鄭宮生宣公成公繆公葬陽初伏以禦蠱索隱曰二年初伏本紀此已下居葬絕不言也宣公享國十二年居陽宮葬陽索隱曰四年作密畤初志閏月成公享國四年居雍之徐廣曰之一作走宮葬陽齊伐山戎孤竹繆公享國三十九年天子致霸葬雍繆公學著人索隱曰著音貯又音宁著即宁也門屏之間曰宁謂學於宁門之人故詩云俟我於著乎而是也生康公康公享國十二年居雍高寢葬竘社生共公共公享國五年居雍高寢葬康公南生桓公桓公享國二十七年居雍太寢

葬義里丘北生景公索隱曰一作僖公系本云名后伯車景公享國四
十年居雍高寢葬丘里正義曰丘一作二也南生畢公徐廣曰春
秋作哀公畢公享國三十六年正義作三十七年葬車里北生
夷公夷公不享國死葬左宮生惠公正義曰十年葬車里元年
孔子行魯相事惠公享國十年葬車里康景生悼公悼公
享國十五年正義曰雍本紀作十四年葬僖公西城雍生剌正義
曰一作利龔公索隱曰一作厲共公剌龔公享國三十四年葬入
里徐廣曰一作人生躁公索隱曰又作趮公。正義曰十四年居受寢葬悼公南也懷公正義
曰四年葬櫟圉氏其十年彗星見躁公享國十四年居受
寢葬悼公南其元年彗星見徐廣曰年表云星晝見懷公從

晉來享國四年葬櫟圉氏生靈公諸臣圍懷公
懷公自殺肅靈公昭子子也徐廣曰懷公生昭子昭子生靈公。索隱曰紀
年及系本無肅字立十年表同紀十二年居涇陽享國十年葬悼公西生
簡公簡公從晉來享國十五年葬僖公西索隱曰按
本紀簡公名悼子即剌龔公之子懷公弟也且紀及系本皆以爲然今此文云靈公謬也立十六年葬僖公西生惠
公其七年百姓初帶劍惠公享國十三年葬陵
圉索隱曰王劭按紀年云簡公後次敬公敬公立十三年乃至惠公辭即難憑時叅異說生出公出
公享國二年索隱曰系本謂少主出公自殺葬雍獻公享國
二十三年徐廣曰靈公子。索隱曰系本稱元獻公立二十二年表同紀二十四年葬嚻圉
生孝公孝公享國二十四年索隱曰本紀十二年葬弟圉生

惠文王其十三年始都咸陽（正義曰本紀云十二年作咸陽築冀闕是十三年始都之）惠文王饗國二十七年（索隱曰十九而立）葬公陵（正義曰括地志云秦惠文王陵在雍州咸陽縣西北一十四里）生悼武王悼武王享國四年葬永陵（徐廣曰皇甫謐曰葬畢今安陵西畢陌○索隱曰系本作武烈王十九而立立三年本紀四年○正義曰括地志云秦悼武王陵在雍州咸陽縣西十里俗名周武王陵非也）昭襄王享國五十六年葬茝陽（索隱曰十九年而立葬芷陵也○正義曰括地志云秦莊襄王陵在雍州新豐縣西南三十五里俗亦謂爲子楚始皇陵在北故亦謂爲見子陵）生孝文王孝文王享國一年葬壽陵生莊襄王莊襄王享國三年葬茝陽生始皇帝呂不韋相獻公立七年初行爲市十年爲户籍相伍孝公立十六年時桃李

冬華惠文王生十九年而立立二年初行錢有新生嬰兒曰秦且王悼武王生十九年而立立三年渭水赤三日昭襄王生十九年而立立四年初爲田開阡陌孝文王生五十三年而立莊襄王生三十二年而立立二年取太原地莊襄王元年大赦脩先王功臣施德厚骨肉布惠於民東周與諸侯謀秦秦使相國不韋誅之盡入其國秦不絶其祀以陽人地賜周君奉其祭祀始皇饗國三十七年葬酈邑（正義酈力知反）生二世皇帝始皇生十三年而立二世皇帝享國三年葬

宜春正義曰括地志云秦故胡亥陵在雍州萬年縣南三十四里上文葬以黔首也趙高爲丞
相安武侯二世生十二年而立徐廣曰本紀云二十一
右秦襄公至二世六百一十歲正義曰秦本紀自襄公至二世五百七十
六年矣年表自襄公至二世五百六十一年三說並不同未知孰是孝明皇帝正義曰班固典引云後漢
明帝永平十七年詔問班固太史遷贊語中寧有非耶班固上表陳秦過失及賈誼言荅之十七年十
月十五日乙丑日索隱曰此已下是漢孝明帝訪班固評賈馬贊中論秦二世亡天下之得
失後人因取其說附之此末周歷已移正義曰周初卜世三十卜年七百以五序得其道故王至三十
七歲至八百六十七曆數既過秦并天下是周曆已移也仁不代母秦直其位索隱
曰周曆已移周亡也仁不代母謂周得木德木生火周爲漢
母也言曆運之道仁恩之情子不代母而王謂火不代木言
漢不合即代周也秦值其閏位得在木之間也此論者之辭
也。正義曰始皇以爲周火德秦代周從所不勝爲水德之

始也按周木德也秦水德也五行之運水生木木生火火生
土土生金金生水所生者爲母出者爲子帝王之次子代母
秦稱水是母代子故言若有德之君相代不母承其
子直音值言秦并天下稱帝是秦德值帝王之位呂政
殘虐然以諸侯十三始皇初爲秦王年十三也。索隱曰呂政者始皇名政是呂不韋幸
姬有娠獻莊襄王而生始皇故云呂政并兼天下極情縱欲養育宗親
三十七年兵無所不加制作政令施於後王正義
曰謂置郡縣壞井田開阡陌不立侯王始爲伏臘又置丞相
太尉御史大夫奉常郎中令僕射廷尉典客宗正少府中尉
將作詹事水衡都尉監守縣令
丞等皆施於後王至于隋唐矣蓋得聖人之威河神授
圖正義曰蓋者疑辭也言始皇之威能吞并天下稱帝疑得聖人之威靈河神之圖録據狼狐蹈參
伐佐攻驅除正義曰狼音郎狼狐主弓矢星天官書云參伐主斬艾事言秦據蹈狼狐參伐之氣驅滅
天下距之正義上音巨之至也稱始皇始皇既殁胡亥極愚酈

山未畢復作阿房以遂前策云凡所為貴有天下者肆意極欲大臣至欲罷先君所為誅斯去疾任用趙高痛哉言乎人頭畜鳴（正義曰畜許又反言胡亥人身有頭而口能言語不辨好惡若六畜之鳴）不威不伐惡（正義曰此五字為一句也）不篤不虛云（正義曰言胡亥藉帝王之威器殘酷暴虐滋己惡惡既深篤以至滅亡豈其虛哉）距之不得留殘虐以促期雖居形便之國猶不得存子嬰度次得嗣冠玉冠（正義音綰）佩華紱（正義音拂）車黃屋（蔡邕曰黃屋者蓋以黃為裏）從百司（正義從才用反）謁七廟小人乘非位莫不怳忽失守偷安日日獨能長念卻慮父子作權近取於戶牖之間竟誅猾臣為（正義于偽反）君討賊高

死之後賓婚未得盡相勞餐未及下咽酒未及濡唇楚兵已屠關中真人翔霸上素車嬰組奉其符璽以歸帝者鄭伯茅旌鸞刀嚴王退舍（公羊傳曰楚莊王伐鄭鄭伯肉袒左執茅旌右執鸞刀以逆莊王莊王退舍七里何休曰茅旌鸞刀祭祀宗廟所用也執宗廟器者示以宗廟血食自歸○正義旌音精嚴音莊）河決不可復壅魚爛不可復全（索隱曰宋均曰言如魚之爛從內而出）賈誼司馬遷曰向使嬰有庸主之才僅得中佐山東雖亂秦之地可全而有宗廟之祀未當絕也秦之積衰天下土崩瓦解（正義曰言秦國敗壞若屋宇崩頹眾瓦解散也）雖有周旦之材無所復陳其巧而以責一日之孤（正義曰日音馹一日之孤謂子嬰）誤哉俗傳

秦始皇起罪惡胡亥極得其理矣復責小子正義曰亦謂子嬰云秦地可全所謂不通時變者也紀季以鄭春秋不名春秋曰紀季以鄭入于齊公羊傳曰何以不名賢之也謂設五廟以存姑姊妹也○正義曰鄭音戶圭反括地志云安平城在青州臨淄縣東十九里古紀之鄭邑帝王紀云周之紀國姜姓也紀侯譖齊哀公於周懿王王烹之外傳曰紀侯入爲周士竹書云齊襄公滅紀郱鄑郚又括地志云郱城在青州臨朐縣東三十里鄑城在北海縣東北七十里郚城在密州安丘縣界郱音駢鄑音訾按秦始起罪惡胡亥極得其理國既崩絕賢子比干尚不能存勢庸主子嬰焉能救秦之敗以賈誼史遷不通時變不如紀季之深識也季紀侯少弟不書名故曰紀季吾讀秦紀至於子嬰車裂趙高未嘗不健其決憐其志嬰死生之義備矣徐廣曰班固典引曰永平十七年詔問臣固太史遷贊語中寧有非邪臣對賈誼言子嬰得中佐秦未絕也此言非是臣素知之耳

索隱述贊曰六國陵替　二周淪亡

并一天下　號爲始皇　阿房雲構

金狄成行　南游勤石　東瞰浮梁

滈池見遺　沙丘告喪　二世矯制

趙高是與　詐因指鹿　災生噬虎

子嬰見推　恩報君父　下乏中佐

上乃庸主　欲振頹綱　云誰克補

史壹萬叁阡壹伯柒拾捌字

注壹萬叁阡伍伯柒拾伍字

秦始皇本紀第六　史記六